AF409601

IL COMPUTER PER TUTTI!

Germano Pettarin

Copyright © 2024 **HOW2 Edizioni**

INDICE

INTRODUZIONE: Perché hai bisogno di questo libro 11

0. UN ESEMPIO PRATICO 13

0.1. Un esempio iniziale................................13

0.2. Aprire WordPad e creare un documento 13

0.3. Chiudere WordPad e salvare il documento.................18

0.4. Modificare un file salvato................................22

0.5. Aprire un file salvato 25

I segreti svelati in questo capitolo................................28

Domande 29

Soluzioni..29

1. UN PO' DI STORIA 31

1.1. Come nasce il computer di oggi 31

I segreti svelati in questo capitolo................................34

Domande 35

Soluzioni..35

2. UN PO' DI TEORIA 37

2.1. Di bit e di byte.................................37

2.2. Immagini e filmati................................47

2.3. Hardware e software................................50

I segreti svelati in questo capitolo................................51

Domande 53

Soluzioni..53

3. PARLIAMO DI HARDWARE 55

3.1. I vari tipi di computer 55

3.2. Le componenti principali di un PC 61

3.3. Cosa ha un computer meglio di un altro? 68

I segreti svelati in questo capitolo 71

Domande 73

Soluzioni 75

4. IL COMPUTER HA UN CERVELLO: LA CPU 77

4.1. La CPU o Processore 77

I segreti svelati in questo capitolo 81

Esercizi 82

Soluzioni 83

5. IL COMPUTER HA PIÙ DI UNA MEMORIA 85

5.1. Vari tipi di memorie 85

5.2. Come lavora e memorizza un computer 86

5.3. Le memorie interne ed esterne 92

5.4. La memoria RAM (interna) 97

5.5. La memoria ROM (interna) 102

5.6. La memoria Cache (interna) 104

5.7. La memoria Hard disk (esterna) 105

5.8. C'era un a volta la memoria floppy disk 108

5.9. Le memorie ottiche: CD ROM, CD R, CD R/W, DVD
.... 116

5.10. Le chiavi USB 122

5.11. Le schede di memoria estraibili 123

5.12. Memoria nella nuvola: il cloud 124

I segreti svelati in questo capitolo 126

Esercizi 128

Soluzioni 129

6. LE PERIFERICHE 131

6.1. I tipi di periferiche: input, output, input/output 131

6.2. La tastiera 132

6.3. Il mouse 135

6.4. Il monitor 138

6.5. La stampante 141

6.6. I monitor touch 145

I segreti svelati in questo capitolo 146

Esercizi 147

Soluzioni 148

7. ACCENDI E SPEGNI 149

7.1. Come farlo correttamente 149

7.2. Niente paura: Togliersi i primi timori 152

I segreti svelati in questo capitolo 153

Domande 154

Soluzioni 154

Esercizio 155

Soluzione 156

8. TI PRESENTO IL PC 159

8.1. Terminologia: desktop, icone e tutto il resto 159

8.2. Un giretto nel PC 162

I segreti svelati in questo capitolo 167

Domande 168

Soluzioni 168

Esercizio 169

9. I PROGRAMMI 171

9.1. Cosa sono e a cosa servono 171

9.2. I magnifici 7 e molto altro 172

9.3. Cosa serve davvero e cosa viene dopo 173

I segreti svelati in questo capitolo 174

Domande 175

Soluzioni 175

10. DIAMOCI DA FARE 177

10.1. Le cartelle e la gestione dei file 177

10.2. Applicazioni e accessori 206

I segreti svelati in questo capitolo 210

Esercizi 212

Soluzioni 216

11. LA CONNESSIONE INTERNET 219

11.1. Cos'è e a cosa serve 219

11.2. Come scegliere e dove andare 222

I segreti svelati in questo capitolo 224

Domande 225

Soluzioni..225

12. INTERNET 227

12.1. Browser o motore di ricerca................................227

12.2. Navighiamo!..229

12.3. Come fare acquisti online 235

12.4. L'antivirus...241

I segreti svelati in questo capitolo...........................247

Domande 249

Soluzioni..250

13. L'EMAIL...251

13.1. Come attivare un'email....................................252

13.2. Come usare l'email: es. Gmail 256

I segreti svelati in questo capitolo...........................266

Domande 267

Soluzioni..268

Esercizio..269

14. I SOCIAL NETWORK 271

14.1. Come farsi un profilo social su Facebook 273

14.2. Come farsi un profilo social su Instagram........276

14.3. Come farsi un profilo social su LinkedIn.........278

I segreti svelati in questo capitolo...........................281

Domande 282

Soluzioni..283

15. PARLIAMO DI SOFTWARE...............................285

16. I PROGRAMMI ESSENZIALI 287

16.1. Come usare Word 287

16.2. Come usare Excel 313

16.3. Come usare PowerPoint 343

I segreti svelati in questo capitolo 350

Domande 352

Soluzioni 354

Esercizi 355

Soluzioni 365

17. L'INTELLIGENZA ARTIFICIALE 368

GLOSSARIO INFORMATICO ESSENZIALE 371

CONCLUSIONI 375

INTRODUZIONE: Perché hai bisogno di questo libro

Ecco un altro libro che pretende di spiegarti ad utilizzare il computer in modo facile, semplice e divertente.

Ecco un altro libro che ti illustrerà i vari concetti utilizzando termini tecnici che, ovviamente, devi già conoscere. Non pretenderai che spieghiamo anche quelli?

Ecco un altro libro che ti insegnerà ad operare con il computer senza descrivere passaggio per passaggio. Alcune operazioni sono così ovvie e scontate che si possono tranquillamente tralasciare nella spiegazione.

Ecco un altro libro che se non riesci a capire come fare è colpa tua, sei troppo antiquato, inadatto per questa tecnologia. Un altro libro di informatica per dummies, "talmente semplice e basico da poter essere compreso da qualsiasi principiante, anche il più inetto." Quindi in soldoni ti danno dello stupido, dell'imbranato.

Invece no! Stavolta non sarà così! Perché?

Perché questo libro è scritto da autori che da decenni insegnano in corsi di informatica diretti proprio a persone che si approcciano a uno strumento, che ovviamente e giustamente, risulta inizialmente difficoltoso da usare. Come quando si impara a guidare o a usare un telefonino. Tutti, proprio tutti, all'inizio abbiamo fatto degli errori o non sapevamo come fare. Mica siamo tutti piloti o esperti in telefonia.

Con l'esperienza abbiamo imparato che i concetti vanno spiegati senza fretta, con calma, senza dare nulla per scontato, mettendosi nei panni di chi sta imparando. Altro che stupido e imbranato. Sei una persona che vuole imparare e se non riesci a capire quello che dice il libro non è certo colpa tua, ma di chi lo ha scritto: un manuale si scrive per far capire, non per far vedere quanto è esperto l'autore.

Anche a costo di essere noiosi e ripetitivi. Non daremo nulla per scontato o già conosciuto.

Questo testo è diviso in due parti.

La prima spiega com'è fatto l'interno di un computer, quali sono le sue componenti fondamentali e come interagiscono fra loro. Questo perché, per usare in modo consapevole un computer, devi avere un'idea di come funziona. Come per usare bene un'automobile devi avere qualche rudimento del motore e di come funziona. Sempre senza perdere di vista l'obiettivo del testo: essere chiari e semplici. Non vogliamo farti diventare un "meccanico" del computer.

La seconda parte, invece, illustra come operare con il computer. I programmi che ci sono, a cosa servono, quali servono veramente e cosa ci puoi fare.

Vedrai che, stavolta, questo è il libro giusto.

0. UN ESEMPIO PRATICO

0.1. Un esempio iniziale

In questo libro vedrai le operazioni fondamentali per poter lavorare con il computer. Inizialmente vedremo un po' di storia del computer e la sua struttura interna.

Iniziamo però con un esempio pratico: aprire e chiudere un programma per scrivere testi, creare e salvare (memorizzare) un documento nuovo, aprire un documento realizzato in precedenza. Chi conosce già i primi rudimenti di videoscrittura, può tranquillamente passare alla lettura dei capitoli successivi.

0.2. Aprire WordPad e creare un documento

Vediamo innanzitutto come aprire il programma WordPad. Ripeteremo gli stessi passaggi nel capitolo 2.

Nel tuo computer, tra i vari programmi, c'è sicuramente il programma per scrivere WordPad. È un programma che viene fornito gratuitamente con il computer.

Per aprirlo fai un clic sul pulsante Start di Windows, che si trova in basso a sinistra.

Nota: <u>Le immagini che ti riporto sono a titolo esemplificativo</u>: considera che la grafica può cambiare a seconda del sistema operativo. Ad ogni modo, <u>considera il percorso che ti indico</u>: di solito esso rimane invariato.

Nel menu che appare scegli la voce Accessori Windows.

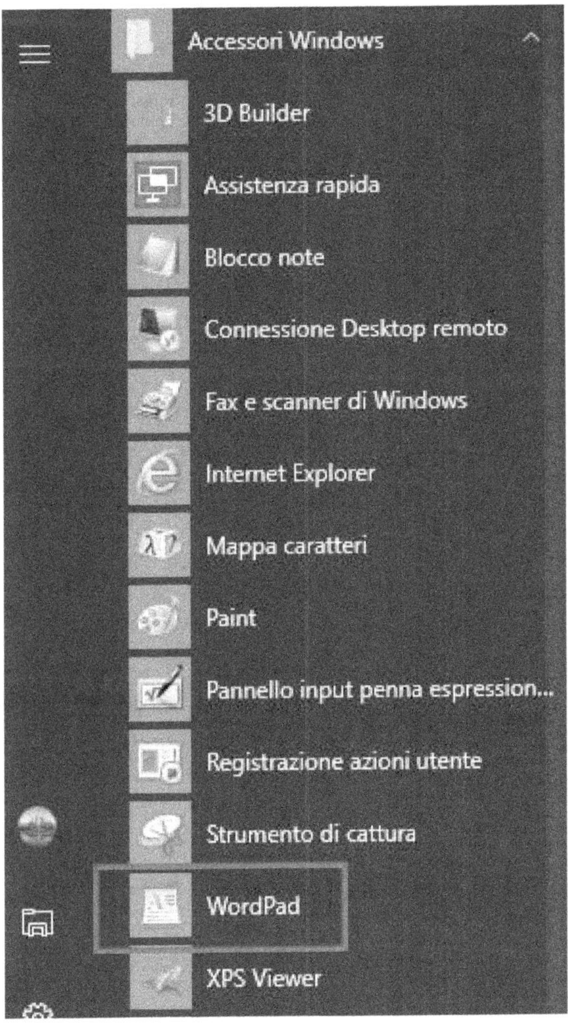

Nell'elenco degli Accessori scegli WordPad. La finestra di WordPad dovrebbe apparire come in figura.

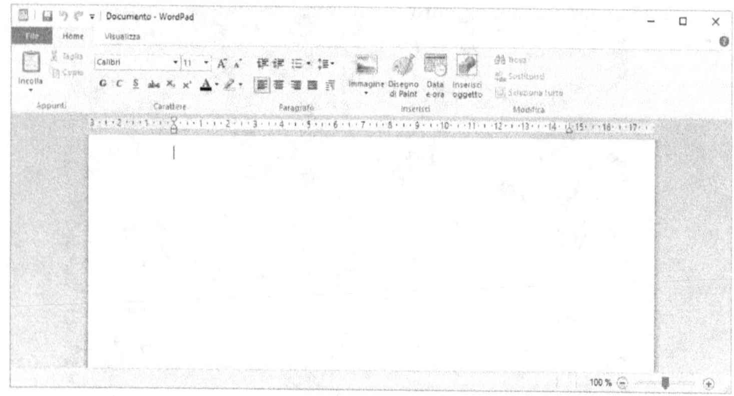

Se WordPad appare a pieno schermo, premi il pulsante Ingrandisci/Ripristina (⊟) per ridimensionare la finestra.

Il testo si scrive nella parte bianca della finestra, che vuole rappresentare un foglio di carta bianco. Il testo inizia da dove appare la barra lampeggiante (|).

Si può tranquillamente cominciare a scrivere il testo dalla posizione indicata dalla barra lampeggiante: per andare a capo premi il tasto INVIO. Per scrivere le lettere maiuscole tieni premuto il tasto Maiuscole (o Shift: è presente sui lati della tastiera ha il simbolo di una freccia verso l'alto) e digitare il carattere desiderato.

Utilizziamo ora un testo di esempio per comprendere i comandi descritti di seguito. Prova a scrivere la seguente lettera, senza preoccuparti della grandezza o del tipo di carattere.

Dott. Giulio Cesare
Condominio Marco Aurelio
Via Giove, 4
11111 ROMA

Roma, 24 gennaio 2018

Oggetto: Utilizzazione di WordPad

Spettabile Ufficio del Personale,

Sono lieto di comunicarvi che sto utilizzando Word. Adesso imparerò a
chiudere e "salvare" (memorizzare) questo documento sul mio computer.

Subito dopo lo riaprirò per effettuare alcune modifiche: avrò così
appreso, in modo semplice e immediato, le operazioni fondamentali di
WordPad e potrò iniziare a lavorare presso la vostra ditta.

Distinti Saluti
Giulio Cesare

Terminata la scrittura del testo, decidiamo di finire il nostro
lavoro e di chiudere il programma WordPad. Vediamo come.

0.3. Chiudere WordPad e salvare il documento

Per chiudere WordPad premi il pulsante di chiusura (✖) in alto a destra.
Prima di chiudere si deve sempre salvare il testo presente nel documento, altrimenti viene irrimediabilmente "perso" come se non fosse mai stato scritto.
In ogni caso, WordPad ti avvisa se si sta chiudendo un programma senza averlo salvato. Infatti, se premi il pulsante di chiusura senza aver salvato, appare il seguente messaggio:

Questo messaggio ti dice che si sta chiudendo WordPad senza aver salvato il testo (o le ultime modifiche fatte). Si hanno tre possibili scelte, indicate dai tre pulsanti:

Sì: il documento non si chiude, e viene aperta la finestra per salvare il documento (vedi paragrafo successivo).

No: il documento si chiude, e si perde il testo scritto (o le modifiche).

Annulla (o ✖): non viene effettuato alcun comando, la finestra di avviso scompare, e si torna a rivedere il testo. È come se non si avesse premuto il pulsante di chiusura.

Vediamo come salvare un documento. Innanzitutto, salvare un documento significa memorizzare il lavoro nella memoria permanente del computer in modo da poterlo successivamente riprendere per modificarlo o ampliarlo.

Per salvare un documento sarà necessario indicare il suo nome e in quale cartella si vuole memorizzare. All'apertura di WordPad il nome del file è Documento, visualizzato nel pulsante sulla Barra delle applicazioni (la barra presente nella parte inferiore del monitor dove è presente il pulsante START) e nella Barra del titolo (la barra di colore blu in cima alla finestra).

L'operazione di salvataggio viene effettuata con il pulsante Salva (🖫), oppure con la voce Salva all'interno del menu File.

Una volta premuto il pulsante Salva, appare la finestra Salva con nome.

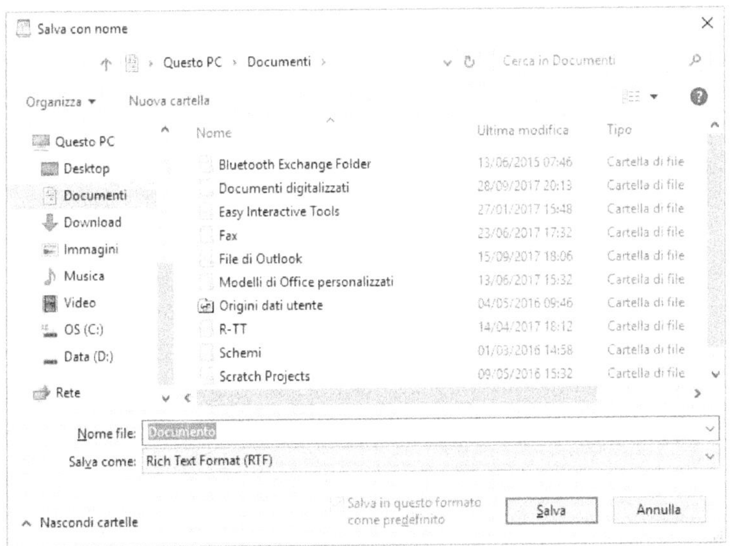

In questa finestra si specifica il nome del documento e la cartella dove memorizzarlo. Una cartella, (detta anche directory) è un "contenitore" per tenere memorizzati i documenti in modo ordinato. Ad esempio ci può essere una cartella chiamata "lavoro" per contenere i documenti che riguardano il tuo lavoro, una cartella chiamata "lettere" per la corrispondenza: la cartella lettere potrebbe contenere a sua volta altre cartelle (dette sottocartelle) ad esempio una cartella chiamata "commerciali" per le lettere commerciali, una chiamata "personali" per le lettere personali, ecc.

Il nome del file si scrive nella casella *Nome file.*
Puoi attribuire al documento il nome che preferisci. Il nuovo nome si sostituisce automaticamente a quello evidenziato: per esempio, "Comunicazione all'azienda".

Una volta assegnato il nome al file, puoi indicare in quale posto (cioè in quale cartella) lo vuoi salvare. Se non si specifica una cartella, WordPad utilizza la cartella Documenti, come tutti i programmi della Microsoft. Questa fase è di fondamentale importanza per ottenere una organizzazione ordinata dei file nella memoria del PC.
Porta il mouse sulla freccia nera (▼) della casella Salva in. Appare una sequenza di icone rappresentanti le unità di memoria: il disco locale (o hard disk, la memoria sempre presente nel PC), il CD ROM, ecc. oltre a delle cartelle di uso comune come la cartella Documenti.

Per trovare la cartella desiderata seleziona l'unità di memoria, poi l'eventuale cartella che la contiene e così via, fino a giungere alla cartella desiderata. Si deve quindi percorrere tutta la gerarchia, dal contenitore "padre" (che è sempre una unità di memoria) alla cartella voluta.

Ad esempio scegli come unità di memoria il Disco locale (C:). Nella finestra centrale appaiono le cartelle presenti nell' hard disk. Fai doppio clic sulla cartella Programmi per memorizzare il documento in questa cartella.

Per completare l'operazione di salvataggio fai clic sul pulsante Salva. La finestra Salva con nome si chiude e ritorni a visualizzare il testo.

Il nuovo nome del documento (Comunicazione all'azienda) appare nella Barra del titolo (la barra presente nella parte superiore della finestra) e nel pulsante della Barra delle applicazioni, cioè la barra presente di solito nella parte inferiore dello schermo sulla quale sono posizionati il pulsante di avvio (Avvio o Start), i pulsanti relativi alle applicazioni aperte.

0.4. Modificare un file salvato

Dopo che è stato salvato, un documento può essere modificato, aggiungendo altro testo o variando quello già presente. Se dopo qualche modifica premi il pulsante Salva sembra che non accada niente. In realtà il file viene aggiornato con le modifiche effettuate: non appare alcuna finestra del tipo "Salva con nome" vista nel paragrafo precedente, poiché Windows conosce già il nome del file (file = documento) e in quale cartella deve essere registrato. Quindi, non essendo necessaria alcuna informazione, il processo di salvataggio avviene senza nessuna richiesta all'utente.

Quindi, puoi scrivere dei testi (anche lunghi) e salvarli periodicamente mentre stai lavorando. Solo al primo salvataggio devi specificare il nome del file e la cartella dove salvarlo. Successivamente basta ricordarsi ogni tanto di premere il pulsante Salva. In questo modo, se il computer si spegne inavvertitamente (ad esempio se manca all'improvviso la corrente) le modifiche apportate al testo, prima dell'ultimo salvataggio, sono registrate e rimangono quindi in memoria.

Modifichiamo ora il testo della lettera "Comunicazione all'azienda" aggiungendo alcuni elementi di formattazione (cioè "abbellimento") del testo: i comandi che utilizziamo saranno comunque ripresi nei prossimi capitoli.

Evidenzia l'indirizzo (cioè il testo "Dott. Giulio Cesare Condominio Marco Aurelio Via Giove, 4 11111 ROMA). Per selezionare una parte di testo basta trascinare il puntatore del mouse su di esso. Il testo selezionato appare evidenziato. Per selezionare una parola, cioè l'insieme di

caratteri contenuti fra due spazi, basta fare doppio clic sulla parola.
Premi il pulsante Allinea a destra presente nella Barra di formattazione, cioè la barra che contiene i comandi più importanti per formattare un testo.

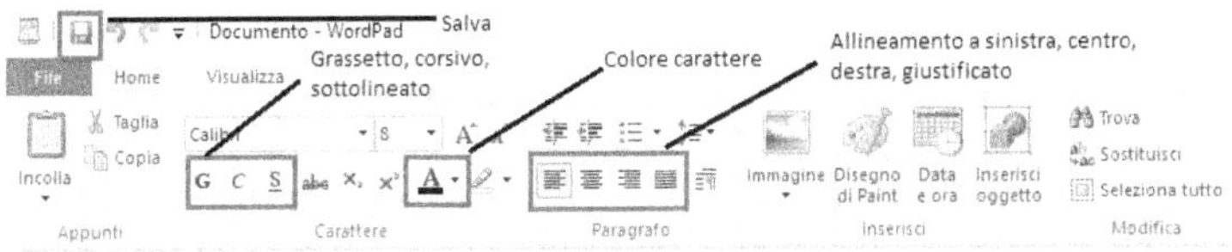

Il testo evidenziato si sposta sulla destra. Seleziona la frase "Roma, 24 gennaio 2018": premi il pulsante Corsivo (*C*) in modo che il testo appaia in corsivo. La scrittura in corsivo appare inclinata: ad esempio questa frase *prova di corsivo* è in corsivo.

Seleziona la frase "Oggetto: Utilizzazione di Word": premi il pulsante Sottolineato (<u>S</u>) in modo che il testo appaia sottolineato. La scrittura in sottolineato appare con una riga sotto il testo: ad esempio questa frase <u>prova di sottolineato</u> è sottolineata.

Seleziona la frase "semplice e immediato": premi il pulsante Grassetto (**G**) in modo che il testo appaia in grassetto. La scrittura in grassetto appare più marcata: ad esempio questa frase **prova di grassetto** è in grassetto.
 Premi il pulsante Colore carattere e scegli il colore rosso, in modo che il testo appaia in rosso.

Dott. Giulio Cesare
Condominio Marco Aurelio
Via Giove, 4
11111 ROMA

Roma, 24 gennaio 2018

<u>Oggetto: Utilizzazione di Word</u>

Spettabile Ufficio del Personale,

Sono lieto di comunicarvi che sto utilizzando Word. Adesso imparerò a chiudere e "salvare" (memorizzare) questo documento sul mio computer.

Subito dopo lo riaprirò per effettuare alcune modifiche: avrò così appreso, in modo semplice e immediato, le operazioni fondamentali di Word e potrò iniziare a lavorare presso la vostra ditta.

Distinti Saluti
Giulio Cesare

Salva e chiudi il documento e il programma WordPad con i comandi descritti in precedenza.

0.5. Aprire un file salvato

Ogni volta che si apre Word, si apre anche un nuovo file Documento sul quale lavorare. Invece di cominciare un nuovo lavoro, spesso si vuole però riprendere un file già iniziato. Questo significa che bisogna ordinare al computer di prendere il file nella cartella dove era stato memorizzato e visualizzarlo sul monitor. Questa operazione è chiamata aprire il file.

Per aprire un documento scegli la voce Apri nel menu File.

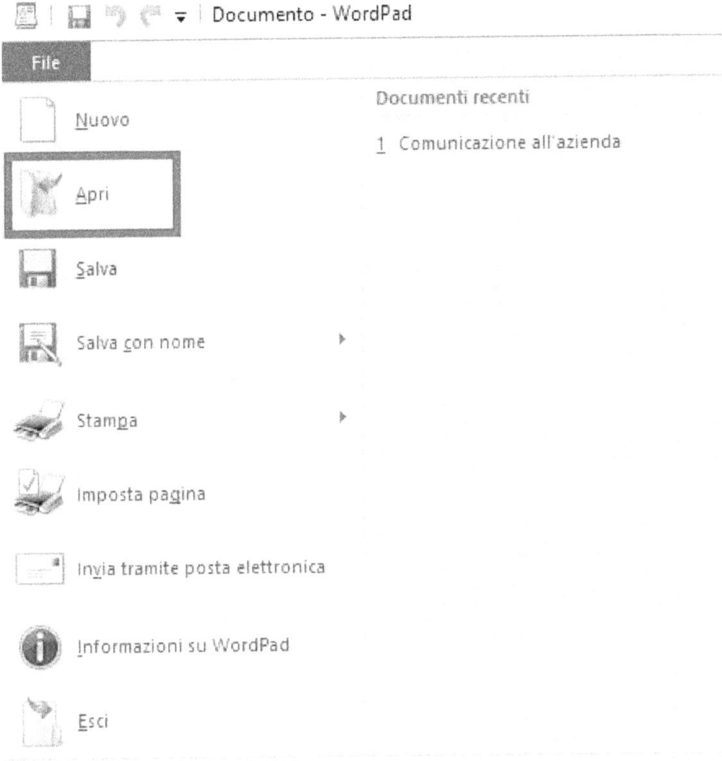

Appare la finestra Apri molto simile alla finestra Salva con nome.

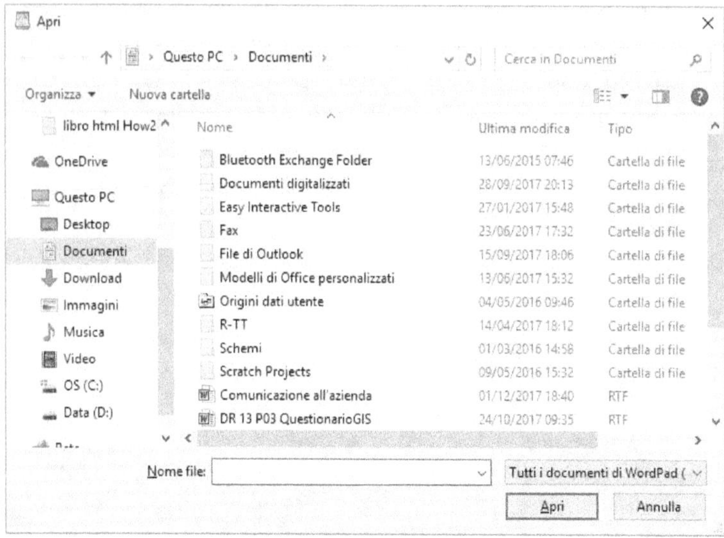

Per indicare la cartella in cui si trova il file, porta il mouse sulla freccia nera (▼) della casella Cerca in. Appare il menù che rappresenta la gerarchia delle cartelle e delle unità di memoria. Per riaprire la lettera "Comunicazione all'azienda" scegli il Disco locale (C:) e fate doppio clic sulla cartella Programmi.

Una volta selezionata la cartella, nella parte centrale della finestra vengono visualizzati i documenti presenti in essa, tra cui la lettera. Per aprire il documento desiderato ci sono due modi:

. due clic veloci sulla sua icona;

. un clic sulla sua icona per evidenziarlo e premere il pulsante Apri.

Dopo queste operazioni si apre il documento e si puoi ricominciare il lavoro.

I segreti svelati in questo capitolo

Ti riporto in breve alcuni dei punti più interessanti che abbiamo affrontato insieme in questo primo capitolo:

. Quando hai fatto un lavoro al computer devi sempre salvare quello che hai fatto, altrimenti è perso per sempre.

. Salvare un documento significa memorizzare il lavoro nella memoria permanente del computer.

. Il programma che stai usando ti avvisa se lo stai chiudendo senza avere salvato.

. Quando hai salvato un documento, ogni volta che premi il pulsante Salva, il file viene aggiornato con le modifiche effettuate.

. Con il comando Apri puoi riprendere a lavorare su un file già salvato nel computer.

Domande

1. Per memorizzare un documento nel computer:

a) Premo il pulsante con la lettera S;
b) Dal menu File scelgo il comando Apri;
c) Premo il pulsante Salva, a forma di dischetto;
d) I documenti si salvano automaticamente.

2. Si può modificare un file salvato in precedenza:

a) No, mai;
b) Solo se non è passato più di un giorno;
c) Sì, utilizzando il comando Apri;
d) Solo se il computer non è stato ancora spento.

Soluzioni

1 c; 2 c.

1. UN PO' DI STORIA

1.1. Come nasce il computer di oggi

La necessità di avere degli strumenti che aiutassero l'uomo nelle sue attività è sempre stata presente. Se vuoi, ben prima della scoperta della ruota.

La storia del computer si può fare iniziare nel 3000 avanti Cristo con l'invenzione del primo strumento che aiutava a fare i calcoli. Era l'**Abaco cinese** può essere considerato il primo dispositivo matematico di calcolo.

Sicuramente l'hai visto o addirittura usato. In pratica è il **pallottoliere**. Con l'abaco si potevano fare le quattro operazioni fondamentali della matematica: somma, sottrazione, prodotto e divisione intera.

Ma il primo strumento meccanico appare nel 1640: è la **Pascalina**, dal nome del suo inventore **Blaise Pascal**.
È un **calcolatore meccanico** per fare addizioni basato su ruote dentate, degli ingranaggi che, a seconda della loro posizione, rappresentavano i numeri. Con questo strumento si riusciva a fare calcoli con numeri addirittura di 12 cifre!

Negli anni, questo tipo di macchine vengono sempre più perfezionate. Riescono a fare le radici quadrate, le divisioni con la virgola, le potenze, ecc.

Appaiono macchine che svolgono operazioni in automatico che non riguardano la matematica. Sono dei telai meccanici per la creazione del motivo ornamentale da riprodurre sulla stoffa. Le operazioni da fare gli vengono impartite attraverso delle schede perforate, dei foglietti bucherellati, che vengono inseriti nel meccanismo. Quando la macchina incontra un foro, si chiude un contatto e capisce il movimento che deve fare.

Con le schede perforate si va avanti fino al 1800. Si riesce a costruire macchine che fanno cose diverse dalla creazione di motivi ornamentali, leggendo i dati presenti sulle schede forate di cartone e stampa su carta i risultati.

Nel 1890 **Herman Hollerit**, il fondatore dell'**IBM**, utilizza carte perforate (9 cm x 21.5 cm) per automatizzare la tabulazione i dati del censimento USA nel 1890. I risultati del censimento furono ottenuti in un tempo molto minore del precedente.

Finalmente, nel 1939, nasce il primo calcolatore elettronico. Era basato su valvole termoioniche, quelle presenti nelle radio di una volta.

Nel 1943 viene costruito l'**ENIAC** (**Electronic Numerical Integrator And Calculator**), il primo calcolatore elettronico di grandi dimensioni. Era stato progettato per risolvere problemi bellici legati al calcolo delle curve balistiche dei proiettili: era periodo di guerra. Era formato da 19.000 valvole termoioniche, collegate da 500.000 contatti saldati a mano. Pesava 30 tonnellate e occupava una stanza di 10 x 15 m^2. Altro i computer di adesso che stanno su una mano!

Ma con l'ENIAC inizia l'era dell'informatica moderna
La seconda guerra mondiale ha dato una grossa spinta per lo sviluppo dei computer. Infatti, sempre nel 1943, viene costruito il **COLOSSUS**, progettato da **Alan Turing**, che ha un ruolo importante per decifrare i codici segreti usati dall'armata tedesca. Questa storia è stata resa celebre dal film

"The imitation game". Con questo computer le istruzioni per i calcoli, invece di essere inserite con schede perforate, vengono registrate in forma numerica nella memoria elettronica interna, mediante un nastro magnetico.

Un gran passo avanti per la miniaturizzazione dei componenti si è avuta con l'invenzione del **transistor** nel 1947. È un dispositivo a semiconduttore per amplificare i segnali in entrata e per fungere da interruttore.

Proseguendo con gli anni il calcolatore diminuisce in dimensioni e aumenta come velocità e duttilità: diventa un elaboratore capace di trattare qualsiasi informazione.

Finalmente, **dalla metà degli anni '70 il computer entra in casa.** Fino al 1977 gli elaboratori erano utilizzati soltanto da aziende e organismi governativi, ed avevano prezzi esorbitanti. **Steve Jobs** e **Stephen Wozniak** costruirono il primo Apple nel tempo libero. Nel 1976 fondano la **Apple** e nasce il primo computer per uso personale: il Personal Computer, il PC, con programmi di per scrivere (videoscrittura), per fare tabelle e grafici (fogli di calcolo), giochi e tanto altro.

Nel 1984 viene annunciato dalla Apple il personal computer **Macintosh**: una macchina interamente con comandi grafici, non più con comandi scritti, dal prezzo abbordabile. Appare il mouse. Intanto **Bill Gates** lancia il sistema operativo **Windows**, e da qui in poi è tutta storia recente.

I segreti svelati in questo capitolo

Ti riporto in breve alcuni dei punti più interessanti che abbiamo affrontato insieme in questo primo capitolo:

. La necessità di avere macchine o utensili che aiutano il lavoro dell'uomo nasce già nell'antichità.

. La prima macchina calcolatrice è del 1600: la Pascalina per fare somme tra numeri.

. Nel 1800 cominciano ad essere usate le schede perforate per introdurre dati e istruzioni nelle macchine per operazioni automatiche.

. Il primo vero e proprio computer elettronico nasce negli anni '40, l'ENIAC.

. Nel 1977 il computer entra nelle case, è il Personal Computer o semplicemente PC.

. Nel 1984 appare il computer con l'aspetto che troviamo attualmente: tutti i comandi sono grafici e appare il mouse.

Alla fine di ogni capitolo sono proposti degli esercizi per verificare e consolidare le conoscenze che hai acquisito. Sono proposti sotto forma di domanda multipla, se gli argomenti erano prettamente teorici, o come applicazione pratica. Alla fine è sempre presente la soluzione.

Domande

1. Il primo vero e proprio computer è:

a) Colossus;
b) Abaco;
c) Eniac;
d) Apple.

2. Il personal computer appare negli:

a) anni 40;
b) anni 60;
c) anni 70;
d) anni 80.

Soluzioni

1 c; 2 c.

2. UN PO' DI TEORIA

2.1. Di bit e di byte

Un computer, di base, è una macchina elettronica, una macchina che funziona a corrente elettrica. Esattamente come un frullatore, un'aspirapolvere, un tostapane, ecc.

Chiaramente un Computer è qualcosa di più rispetto agli altri elettrodomestici. Quelli che abbiamo citato fanno una cosa sola: frullano, aspirano la polvere, tostano il pane, ecc.

Invece con un computer fai molte cose: puoi scrivere, puoi disegnare, puoi giocare, modificare foto, guardare film, ecc. Infatti in un computer puoi inserire testi, musiche, disegni, foto, video insomma tutto quello che vedi e senti può essere memorizzato in un computer.

Ma come è possibile?

Abbiamo appena detto che un computer è una macchina che va a corrente. Se apri un computer, all'interno troverai elementi elettrici o magnetici. Vedi bobine, transistor, cavi, vari circuiti, ecc. tutti componenti elettrici o magnetici che funzionano con la corrente elettrica.

Anche le componenti magnetiche hanno a che fare con l'elettricità: pensa a una elettrocalamita. È semplicemente un pezzo di ferro collegato ad una batteria. Quando attacchi la batteria la corrente passa nel pezzo di ferro e lo magnetizza, lo fa diventare una calamita. Quindi le cose magnetiche sono legate alle cose elettriche.

In conclusione, con parole molto semplici tutti gli elementi di un computer possono "capire" solo due cose: che gli sta passando o non gli sta passando corrente. Quindi non riescono a distinguere tante cose diverse, come noi, ma solo due. Quindi, tutta la comunicazione in un computer, deve essere ridotta a solo due simboli, uno associato al passaggio di corrente e l'altro al non passaggio di corrente.

Sembra incredibile ma tutto quello che noi esprimiamo, le parole, le lettere, i numeri viene rappresentato con solo due simboli.
Vediamo, ad esempio, come il computer capisce le parole. Le parole sono formate da lettere. Se riusciamo a far capire al computer le lettere, può capire anche le parole.

Si deve ricorrere ad un processo di **codifica**, cioè di rappresentazione delle lettere in un'altra forma. Un esempio di codifica è il codice Morse: è un codice, utilizzato per il telegrafo, che permette di codificare delle lettere dell'alfabeto con dei segnali sonori lunghi o corti.

Nel **codice Morse** ogni lettera è formata da tre segnali. L'esempio più famoso è la richiesta di SOS:

S = ---
O = _ _ _
S = ---

Quindi con una sequenza di tre simboli si riesce a indicare una lettera dell'alfabeto.

Per il computer i simboli non sono i segnali brevi o lunghi come nel codice Morse. Sono comunque sempre due: il passaggio o il non passaggio di corrente, nel caso elettrico.

La magnetizzazione positiva o negativa nel caso magnetico: un magnete può avere due stati.

In informatica si usa rappresentare i due stati con i numeri 0 e 1. È solo una simbologia, per semplificare la scrittura. Anche per la codifica delle lettere nel calcolatore si segue un procedimento simile al codice Morse: ad ogni carattere è associata una sequenza di segnali, di 0 e 1.

Quanti segnali sono necessari per rappresentare tutti i caratteri? Bastano tre come nel codice Morse?
Facciamo una prova. Assegniamo ad ogni combinazione di tre cifre 1 o 0 una lettera corrispondente.

Ad esempio:

000 → A
001 → B
010 → C
011 → D
100 → E
101 → F
110 → G
111 → H

Quindi utilizzando tre segnali si possono rappresentare 8 lettere. Troppo pochi.

Se proviamo con 4 segnali? Quante lettere possiamo rappresentare con 4 segnali? Senza fare un elenco di tutte le combinazioni di 4 cifre 1 e 0, la risposta è 16 lettere. Se uso cinque cifre ho 32 combinazioni. Le lettere dell'alfabeto sono 26. Ma cinque segnali non bastano: il calcolatore deve avere combinazioni diverse per le lettere minuscole e maiuscole. Servono 52 combinazioni.

Ma non bastano. Ci sono i caratteri di punteggiatura, i numeri da 0 a 9, le lettere con l'accento, ecc.

Si è stabilito, a livello internazionale, che per ogni carattere si usano 8 cifre: sono 256 combinazioni. Ad esempio:

00000001 → A
00000010 → B
00000011 → C

Una sequenza di 8 numeri 0 e 1 in informatica è chiamata **byte**. La singola cifra è chiamata **bit**. Quindi il bit può valere o 0 o 1.

Riassumendo:

. il bit (binary digit) costituisce l'unità elementare di memorizzazione;

. un gruppo di 8 bit viene detto byte e consente di codificare 256 simboli o dati elementari diversi.

Si crea quindi una corrispondenza diretta tra i byte e i caratteri. Ogni carattere ha la propria sequenza di byte. Quando scriviamo con la tastiera il computer riceve la sequenza di bit corrispondente al tasto premuto.

Chiaramente i vari produttori di computer hanno trovato una intesa per utilizzare le stesse combinazioni di bit per i caratteri, in modo che una tastiera sia equivalente ad un'altra.

La codifica più diffusa è la codifica **ASCII (American Standard Code for Information Interchange)**, che usa 8 bit: il primo bit è sempre a 0. Gli altri 7 bit sono utilizzati per avere diverse combinazioni per codificare i caratteri: si hanno 128 combinazioni diverse.

Successivamente è stata introdotta la **codifica ASCII estesa**, sempre con 8 bit: codifica anche simboli speciali (es. è, à, ü), con il primo bit a 1; non è realmente standard.

In fondo al libro trovi le tabelle di codifica ASCII standard ed estesa. Sono semplici tabelle dove, a fianco ad ogni simbolo, c'è la corrispondente sequenza di zero e di uno.
Se vuoi, si può verificare l'esistenza della tabella Ascii con un programma di videoscrittura e la tastiera.
Nel tuo computer, tra i vari programmi, c'è sicuramente il programma per scrivere WordPad. È un programma che viene fornito gratuitamente con il computer.

Per aprirlo fai un clic sul pulsante Start di Windows, che si trova in basso a sinistra.

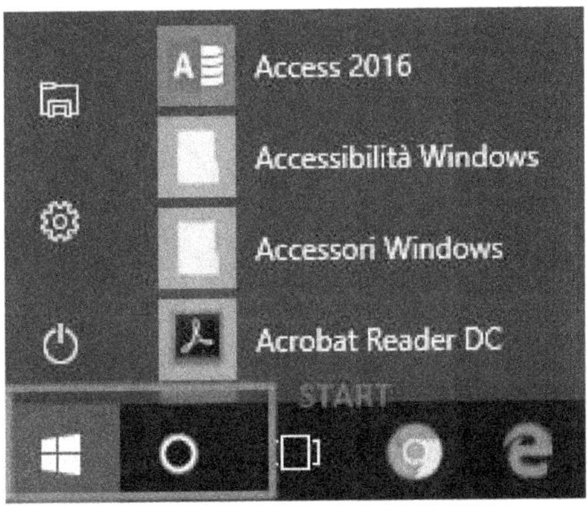

Nel menu che appare scegli la voce Accessori Windows.

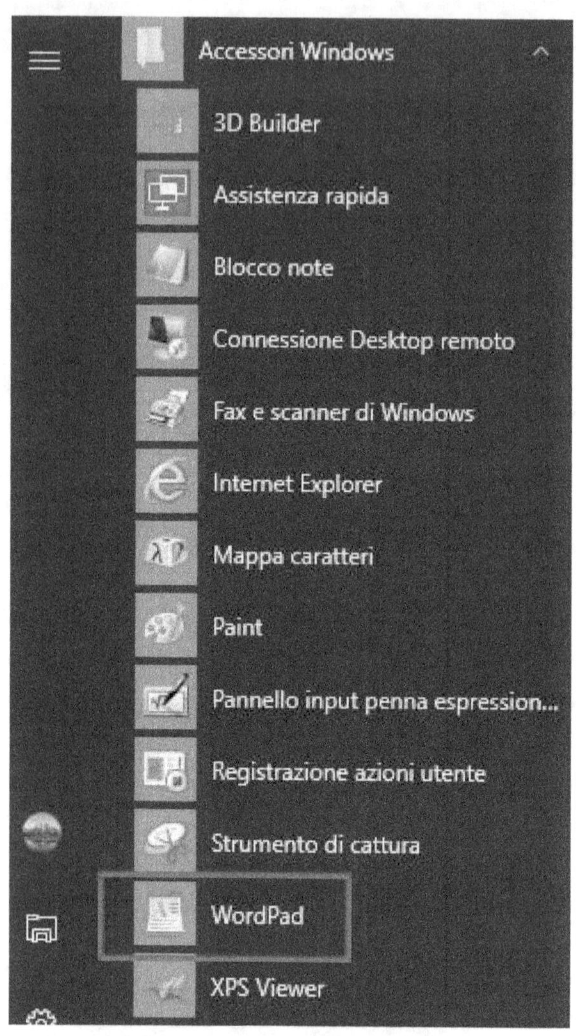

Nell'elenco degli Accessori scegli WordPad. La finestra di WordPad dovrebbe apparire come in figura.

Se WordPad appare a pieno schermo, premi il pulsante Ingrandisci/Ripristina (⮻) per ridimensionare la finestra.

Il testo si scrive nella parte bianca della finestra, che vuole rappresentare un foglio di carta bianco. Il testo inizia da dove appare la barra lampeggiante (|). In questa parte del libro non trattiamo le impostazioni di scrittura, dato che sono argomenti relativi al capitolo di video scrittura. Quindi quasi tutti i pulsanti di WordPad che appaiono nella parte grigia della finestra non sono descritti.

Con WordPad è possibile scrivere tutti i caratteri delle normali macchine da scrivere, assieme a molti altri che puoi ottenere utilizzando particolari combinazioni di tasti. In particolare con il tasto ALT, in combinazione con il tastierino numerico, è possibile ottenere i caratteri delle tabelle del codice ASCII.

Il tastierino numerico è la tastiera piccolina numerica sulla destra della tastiera essa comprende segni matematici (/,*,-,+,.) numeri (1,2,3,4,5,6,7,8,9,0): si trova nella parte destra della tastiera e serve per facilitare l'inserimento dei numeri.

Fai attenzione che il tastierino numerico sia attivo cioè il tasto Bloc num sia acceso.

Se vuoi scrivere la parentesi graffa aperta utilizza la combinazione di tasti ALT+123. Il numero 123 è quello corrispondente al simbolo della graffa aperta nella tabella ASCII.

$$01111011 \mid 123 \mid \{$$

Per ottenere una combinazione di tasti, premi il tasto ALT e mantienilo premuto. Digita, sul tastierino numerico la sequenza 1, 2, 3 come quando componi un numero di telefono. Rilascia il tasto ALT. In WordPad appare il simbolo della graffa aperta.

{

Per la parentesi graffa chiusa la combinazione di tasti ALT+125, per la tilde la combinazione di tasti ALT+126, ecc. In ogni caso qualunque combinazione di numeri del tastierino numerico con il tasto ALT premuto genera un simbolo.

Per ottenere la graffa aperta puoi anche usare un'altra combinazione di tasti: ALT GR + MAIUSC + tasto con parentesi quadra aperta. I tasti sono evidenziati con il pallino rosso.

Per la graffa chiusa la combinazione è ALT GR + MAIUSC + tasto con parentesi quadra chiusa.

La combinazione ALT GR + MAIUSC ti permette di scrivere altri caratteri che mancano sulla tastiera. Ad esempio, con ALT GR + MAIUSC + ? ottieni il punto di domanda contrario ¿.

Adesso puoi scrivere una domanda in spagnolo: ¿ quien sabe?

Ti conviene imparare qualche combinazione di tastiera: ti può tornare utile quando scrivi una mail. Ad esempio se devi comunicare che ti piace la birra spugën braü, devi usare la combinazione ALT + 235 per la ë e la combinazione ALT + 252 per la ALT + 235 per la ü.

2.2. Immagini e filmati

Abbiamo visto come un computer può capire le lettere dell'alfabeto e, di conseguenza, le frasi che scriviamo. Quindi, possiamo tranquillamente scrivere dei testi al computer.
Ma non facciamo solo questo. Sicuramente riusciamo a vedere delle foto e, addirittura, dei filmati.
Ciò è stato reso possibile dall'aumentata potenza di calcolo e di memoria dei computer che finalmente sono riusciti a gestire la grossa mole di dati contenuta in una semplice immagine.

La codifica delle immagini è più complessa rispetto a quella dei caratteri. Infatti, una immagine è, per sua natura, un insieme continuo di informazioni: non è divisibile in lettere come una parola. Una immagine è un tutto unico.

La soluzione più comune prevede la scomposizione dell'immagine in una griglia di tanti elementi (punti o **pixel**, picture element) che sono l'unità minima di memorizzazione. Le figure sottostanti rappresentano la stessa immagine con tanti pixel (immagine ad alta risoluzione) e con pochi pixel (immagine a bassa risoluzione).

Forse hai presente delle foto che vedi sui quotidiani che sembrano formate da tanti puntini. Quei puntini sono proprio i pixel!

Ogni pixel assume come valore il colore medio dell'area che rappresenta. La griglia è ordinata dal basso verso l'alto e da sinistra verso destra, e corrisponde ad una matrice costituita dai valori dei pixel.

Chiaramente l'insieme dei valori dei pixel è una approssimazione dell'immagine La precisione della codifica dipende dal numero di pixel nella griglia (risoluzione).
Vediamo un esempio nel caso di una immagine in bianco e nero. Ogni pixel è rappresentato con 1 bit:

0 = bianco
1 = nero

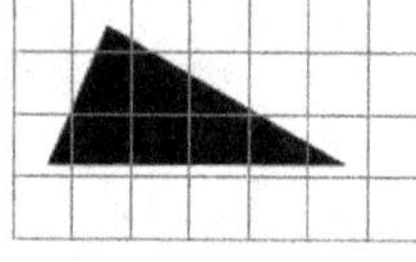

immagine e griglia

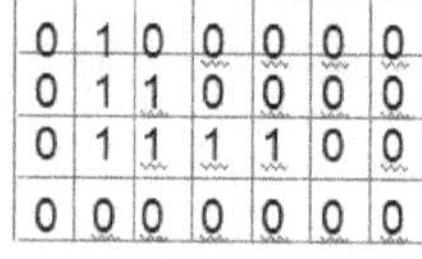

rappresentazione in pixel

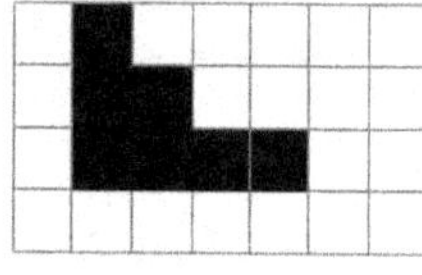

immagine digitale

Maggiore è il numero di pixel che compongono la griglia, migliore è l'approssimazione dell'immagine, maggiore è l'ingombro.

Con 1 bit per pixel possiamo codificare solo bianco e nero.
Normalmente le immagini presentano una serie continua di sfumature dal bianco al nero o di colore.

Se associamo più bit ad ogni pixel, possiamo codificare il corrispondente numero di sfumature (livelli) di grigio o di colore.
Per esempio:

4 bit equivalgono a 16 livelli di grigio
8 bit equivalgono a 256 livelli di grigio o 256 colori
24 bit equivalgono a 16 milioni di colori

Per i filmati il principio è simile. Un film non è altro che una sequenza di fotogrammi proiettati a una velocità tale che l'occhio umano non riesce a percepire il passaggio da un fotogramma all'altro.

Quindi ogni singolo fotogramma viene codificato come descritto in precedenza. Tutte le codifiche vengono messe assieme per realizzare il filmato.

2.3. Hardware e software

Un computer è l'insieme di molte parti che cooperano per memorizzare e manipolare l'informazione. Studiare l'architettura di un computer significa individuarne le varie parti, comprenderne il principio generale di funzionamento ed intuire come le singole parti interagiscono fra di loro.
Una prima, iniziale suddivisione è fatta distinguendo due componenti separate ma mutuamente dipendenti: l'hardware e il software.

Con il termine Hardware si intende la parte fisica del computer, tutto quello che si può toccare.

HARD = RIGIDO, DURO
WARE = MATERIALE

Quindi monitor, tastiera, masterizzatore DVD, hard disk, mouse, stampante, ecc., è tutto hardware.

Questo, appunto, per distinguere dall'altro gruppo di componenti di un calcolatore, senza il quale non potrebbe funzionare, che è il software, cioè i dati e i programmi, le istruzioni che permetto al pc di eseguire i compiti.

I segreti svelati in questo capitolo

. Un computer, di base, è una macchina elettronica, una macchina che funziona a corrente elettrica. Quindi può recepire solo due stati, il passaggio o non passaggio di corrente.

. Come per tutti i tipi di informazioni le lettere dell'alfabeto vengono interpretate da un computer attraverso un processo di codifica.

. In informatica si usa rappresentare i due stati con i numeri 0 e 1. Quindi, ad ogni carattere è associata una sequenza di segnali, di 0 e 1.

. Per ogni carattere si usano 8 cifre di tipo 0 e 1: sono 256 combinazioni. Una sequenza di 8 numeri 0 e 1 in informatica è chiamata **byte**. La singola cifra è chiamata **bit**. Quindi il bit può valere o 0 o 1.

. Tra i vari produttori di computer c'è una intesa per utilizzare le stesse combinazioni di bit per i caratteri, in modo che una tastiera sia equivalente ad un'altra. La codifica più diffusa è la codifica ASCII (American Standard Code for Information Interchange).

. Per codificare una immagine la si scompone in una griglia di tanti elementi (punti o pixel, picture element) che sono l'unità minima di memorizzazione.

. Ad ogni pixel sono associati 24 bit per ottenere a 16 milioni di colori.

. Le due componenti principali di un computer sono l'hardware e il software.

52

Domande

1. Per memorizzare un carattere serve:

a) Un bit;
b) Un byte;
c) Cinque bit;
d) Quattro bit.

2. Un bit:

a) Corrisponde ad 8 byte;
b) Può contenere un carattere;
c) È l'unità minima di memorizzazione;
d) Può memorizzare fino a 16 diverse informazioni.

3. Per la frase "ricavi a settembre" sono necessari:

a) 17 byte;
b) 19 byte;
c) 3 byte;
d) Nessuna delle precedenti.

Soluzioni

1 b; 2 c; 3 d

3. PARLIAMO DI HARDWARE

3.1. I vari tipi di computer

Con il termine computer si indicano apparecchiature informatiche basate su un medesimo modello teorico, ma con caratteristiche e utilizzi molto diversi. Vengono quindi definite alcune categorie, dai confini non sempre ben definiti, in cui trovano posto i vari computer, dai più semplici ai più complessi.

Se si vuole rappresentare un elenco ordinato per dimensioni e potenza di calcolo dei vari tipi di calcolatori, si può considerare:

1. supercomputer
2. mainframe
3. minicomputer
4. workstation
5. personal computer o **PC**:
qui ci sono molte sottocategorie.

Prima di trattare ogni singola categoria, vogliamo precisare che il confine tra una è l'altra è molto labile: con la velocità dell'evoluzione tecnologica, quello che oggi classifichiamo come workstation tra sei mesi sarà superato in termini di velocità di elaborazione e quindi sarà considerato un personal computer.

I **Supercomputer** sono dei computer molto potenti che sfruttano le tecnologie più moderne e costose (ad esempio la superconduttività alle basse temperature, utilizzo di processori in parallelo) per poter elaborare con altissime velocità.

Sono utilizzati in ambito aerospaziale, per calcolare le rotte dei satelliti, in campo militare, aeronautico, ecc.

Ad esempio, quando ascolti le previsioni meteo alla televisione, senti spesso dire: "previsioni a cura del centro Epson meteo". Il Centro Epson Meteo è una delle strutture private di ricerca applicata e di previsione in ambito meteorologico più accreditate. Utilizza, appunto, dei supercomputer collegati ai satelliti meteorologici per fare le previsioni: il fatto che non le azzecchi quasi mai è un altro discorso!

In conclusione, i supercomputer sono dei calcolatori specializzati a svolgere determinate operazioni con altissime velocità. In generale, non sono progettati per un utilizzo generale, come un personal computer che serve per scrivere, calcolare, giocare, ecc., ma per svolgere poche cose in modo velocissimo.

I **Mainframe** sono dei sistemi di grandi dimensioni, utilizzati spesso nelle reti di computer, che gestisce diverse centinaia di computer mettendo a disposizione le sue enormi memorie di massa e i suoi molti processori. A volte i computer collegati ad un mainframe non posseggono unità di memoria proprie o processori propri: per questo motivo sono chiamati terminali stupidi. Questa tipologia sta comunque scomparendo.

I mainframe sono diffusi nelle grandi aziende che devono mantenere notevoli quantità di dati in una unica sede ai quali devono accedere tutte le filiali periferiche.

Ad esempio, in un ospedale, è impensabile che ogni medico della struttura abbia la cartella clinica di ogni paziente nel proprio computer. Ci sarebbero enormi problemi di gestione: come si potrebbe fare l'aggiornamento dei dati quando un medico prescrive una cura al paziente? Dovrebbe andare da ogni medico che si occupa di quel paziente e comunicargli la modifica alle cure.

Ci deve essere una gestione centralizzata: ogni medico accede con il suo computer al computer centrale, il mainframe, che contiene tutte le cartelle cliniche dei pazienti dell'ospedale. Prende la cartella, la modifica e la memorizza nuovamente nel mainframe.

Quando si tratta di decine di calcolatori che accedono al sistema informatico si parla di **minicomputer**: è lo stesso concetto dei mainframe in scala ridotta.

Si trovano in realtà aziendali di piccole, medie dimensioni: anche in questo caso decine di terminali stupidi accedono alle risorse messe a diposizione.

In realtà, questo tipo di sistemi va scomparendo, o meglio si sta trasformando in **server**, una macchina, cioè, a cui gli utenti si collegano non tramite terminali, ma attraverso personal computer dotati di una propria memoria e capacità operative: questi computer sono detti **client**, clienti dei servizi offerti dal server.

Questa tipo di configurazione prende il nome di **architettura client server**, tanti computer clienti dei servizi offerti dal servitore server.

La definizione di **workstation** è quella di un personal computer che ha capacità di elaborazione, memorizzazione, grafiche e costo superiori a quelle di un personal computer standard.

La definizione rende già l'idea di quanto sia difficile distinguere un PC di fascia alta da una workstation.
Diciamo che la struttura di una workstation appare potenziata: il monitor risulta essere di notevoli dimensioni per visualizzare anche immagini ad alta definizione, mentre uno o più processori consentono di trattare una grossa mole di dati (di solito di natura grafica).

Il **personal computer** (**PC**) è ormai conosciuto da tutti. È un piccolo sistema indipendente in termini di risorse e dedicato ad un unico utente. Con un PC si può scrivere, navigare in internet, giocare, ecc. ma c'è sempre un solo utilizzatore.

Le tipologie dei PC sono diverse e sempre in evoluzione.

Per adesso si può distinguere in:

Computer Fissi o Desktop. È il personal computer da scrivania, non facilmente trasportabile da un luogo ad un altro, ma destinato a restare dove è lasciato, collegato alla corrente elettrica ed alla linea telefonica per la navigazione in internet.
Normalmente è formato da un contenitore metallico, detto case o cabinet, che contiene le componenti elettroniche che costituiscono il vero e proprio calcolatore, come il processore, le memorie, ecc.; poi è presente un monitor, un mouse e una tastiera.

A seconda della forma del *case*, ci sono diversi formati:

Tower: il *case* è disposto come un parallelepipedo verticale, come una torre. È una soluzione che permette una facile aggiunta di componenti, quindi il computer risulta facilmente espandibile. Viceversa risulta di notevole ingombro. Non è facilmente soggetto a surriscaldamento, dato che ha una sola faccia a contatto con la superficie d'appoggio, quindi permette facilmente la dispersione del calore prodotto. È una soluzione usata per computer potenti che sono soggetti ad espansione ed aggiornamenti.

MiniTower: come aspetto sono simili ai precedenti, sono più larghi e più bassi. Come in precedenza sono difficilmente soggetti a surriscaldamento. Hanno un ingombro inferiore ma risultano meno facilmente espandibili. Sono i più diffusi nell'uso domestico.

Desktop: è la soluzione che ha meno ingombro. Il case è appoggiato in orizzontale e il monitor è posto sopra. Il difetto è la maggior facilità di surriscaldamento.

Compatti: è la soluzione con il case integrato nel monitor, tutto in un blocco. Le possibilità di espansione sono molto ridotte.

Portatili. Un computer portatile, o laptop o notebook, come dice il termine, è un sistema trasportabile, di dimensioni ridotte, a forma di libro con monitor piatto da una parte e tastiera dall'altra. Hanno una batteria ricaricabile (di solito al litio) che ne permette l'uso anche in assenza di corrente. I componenti sono miniaturizzati ed ottimizzati per permette il maggior risparmio di energia possibile.

Esistono delle categorie particolari di notebook. In particolare il **Netbook**, è un particolare tipo di notebook che ha nelle dimensioni ridotte e nella leggerezza le sue caratteristiche principali: ha un monitor al massimo di 10-11 pollici e un peso inferiore al chilogrammo. Nonostante ciò la tastiera, seppur compatta, permette una scrittura agevole. Ha chiaramente delle potenzialità (e anche prezzi) inferiori rispetto ad un notebook: non possiede il lettore/masterizzatore DVD, la scheda grafica non è di ultima generazione, ecc. Ma il computer deve servire per collegarsi in internet, chattare, video chiamarsi. Infatti, ha una webcam integrata, sopra il monitor.

Il **Tablet** è un normalissimo computer portatile, generalmente di piccole dimensioni (lo schermo più diffusa è di 10 pollici), con cui si interagisce anche grazie all'uso di una penna, e il cui inchiostro digitale può essere riconosciuto e convertito in testo.

Quasi tutti i modelli possono essere utilizzati anche con le dita, essendo dotati di schermi sensibili al tocco (**touchscreen**); in alcuni casi hanno anche capacità multi-tocco (multi-touch) a dieci dita.

3.2. Le componenti principali di un PC

Di solito come personal computer si considera tutti i componenti con cui interagiamo quando utilizziamo un PC: **la tastiera, il mouse, la stampante, il monitor, e il case**.

In realtà tastiera, mouse, monitor, stampante, scanner, webcam, ecc. non sono il computer: il computer è soltanto il case, o meglio l'insieme delle componenti elettroniche presenti all'interno del case.

Tutto il resto sono, come vedremo, *periferiche*, collegate al computer, che aggiungono delle funzionalità.
Chiarito questo concetto, vediamo cosa c'è all'interno del case.

Per descrivere un computer di solito si utilizza una schematizzazione a blocchi; in tale ottica l'elaboratore può essere visto, in modo grossolano, come l'unione di quattro moduli interconnessi e cooperanti, ognuno con il suo specifico compito.

In realtà questa è una astrazione teorica. Se si apre il case si trova un intreccio di cavi, componenti, schede, circuiti, ecc. Non c'è una separazione netta in quattro parti.
Ma questo schema teorico è utile per spiegare il funzionamento del calcolatore.
Si può fare un paragone con la descrizione di una automobile. Si dice: "c'è il motore, la carrozzeria, i comandi con cui interagisce il guidatore come il volante, il cambio, ecc.".

In realtà questa è una suddivisione teorica: quando finisce il volante e comincia la parte di motore?
Non c'è un taglio netto tra una parte e l'altra.

Lo stesso vale per il computer.

Vediamo i moduli (teorici) del calcolatore. Sono:

1. il **processore** o **CPU** (cuore del sistema);

2. le **memorie** suddivise in due categorie: la **memoria di massa** (memoria esterna, per lo stoccaggio dell'informazione) e la **memoria centrale** (memorie interna);

3. le **periferiche d'ingresso** (per caricare i dati) e le **periferiche d'uscita** (per fornire i risultati)
interagenti e cooperanti, che colloquiano tramite linee dedicate dette bus.

Il modello teorico è proposto in figura. Prende il nome di modello di Von Neumann, dal nome del suo ideatore.

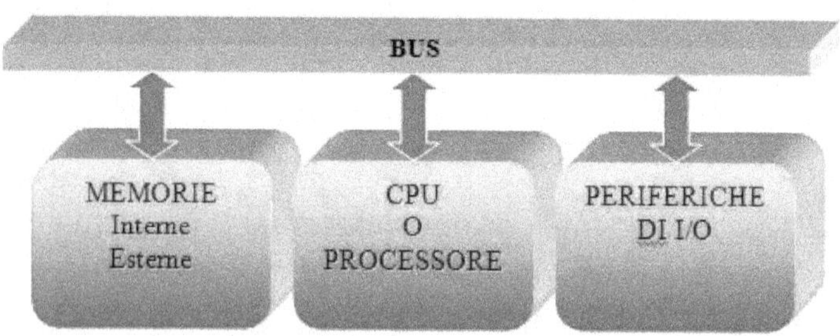

In realtà all'interno del case si trova qualcosa del genere.

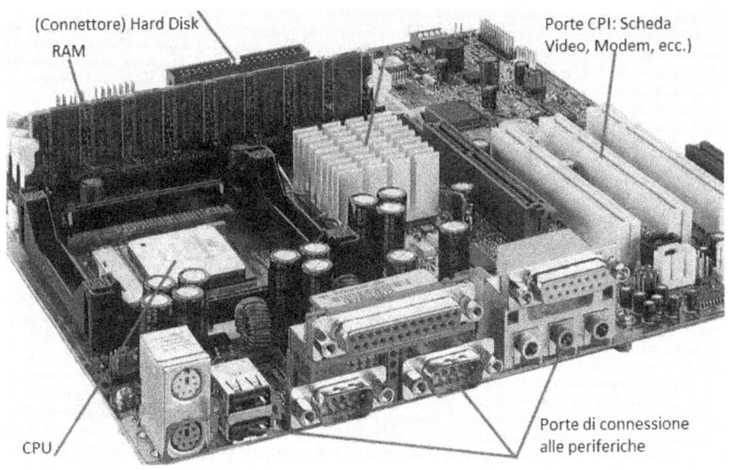

La piastra base sulla quale tutti i componenti sono saldati è chiamata **Scheda Madre** o **Motherboard**.

Il **processore** o **CPU** (Central Process Unit, Unità Centrale di Processo) è il cuore del computer. Infatti nello schema di Von Neumann è posizionato al centro.

Il processore controlla e gestisce tutte le operazioni del calcolatore: è il processore che recepisce il segnale che arriva ogni volta che si preme un tasto della tastiera, lo elabora e visualizza il carattere corrispondente sul foglio di Word.

È il processore che si accorge che è stato fatto un doppio clic su una cartella e fa in modo che il contenuto sia visualizzato.

È il processore che recepisce il comando di spegnimento del computer e si occupa della chiusura dei programmi aperti.

Se si toglie il processore dalla scheda madre e si prova a far partire il computer non accade nulla: al massimo si accendono i led dell'alimentazione.

È come se si toglie il motore da una automobile.

La memoria, come si intuiva nello schema di Von Neumann, è divisa in due tipologie:

1. **memoria interna**: è quella residente fisicamente sulla scheda madre.

2. **memoria esterna**: è quella che non è sulla scheda madre ma è connessa attraverso appositi cavi e connettori.

Vedremo successivamente il motivo della presenza di due tipi di memorie.

Anche le unità di input/output, i dispositivi che permettono l'introduzione di dati e la visualizzazione dei risultati (tastiera, mouse, monitor, stampanti, ecc.), sono esterne alla Motherboard, collegate attraverso opportuni connettori, chiamate porte di connessione o di input/output.

In linea generale, ogni porta ha le caratteristiche adatte alla periferica che deve essere collegata. In realtà le case costruttrici cercano di uniformare i dispositivi in modo da non aver bisogno di una miriade di porte diverse.

Le principali porte di comunicazione sono:

1. **porta seriale**: è una delle porte "storiche" del computer. La caratteristica è che permette l'accesso di un singolo segnale alla volta. Quindi è una porta di input/output per l'invio di informazioni alla velocità di un bit alla volta e veniva usata per collegare mouse o tastiera (in figura si vedono la PS1 e PS2 di colore verde e viola). È stata rimpiazzata dalla

2. **porta parallela**: molto più veloce, dato che i dati viaggiano in parallelo, cioè tutti assieme l'uno seguito dall'

altro, come le auto in diverse corsie. La parallela viene usata per stampanti, scanner e altre apparecchiature più complesse. Ma anche loro sono state a loro volta sostituite dalla

3. **porta USB**: il significato dell'acronimo, Universal Serial Bus, chiarisce le caratteristiche di questa porta. È una porta molto veloce che permette di collegare (quasi) tutti i dispositivi periferici: è una porta universale. Si possono collegare in cascata più periferiche senza dover spegnere il PC.

4. **porta di rete**: è la porta ethernet per collegare il computer alla rete. La sua forma è simile a quella a cui si connette lo spinotto del telefono, quello trasparente, solo che è leggermente più grande, con due led, uno giallo e uno verde.

5. **porta Firewire**: creata dalla Apple, molto simile all'USB, è una porta di nuova generazione che permette il trasferimento di grandi quantità di dati in modo molto veloce. Adatta al collegamento di macchine fotografiche digitali e videocamere.

Comunque alcune di queste porte sono in via di estinzione o proprio scomparse sugli ultimi modelli di computer.

Una delle porte più recenti è la porta HDMI (High-Definition Multimedia Interface: è un'interfaccia audio/video usata per trasferire dati video non compressi e dati audio digitali compressi o non compressi, da una sorgente HDMI compatibile (per esempio da un controller video) a un monitor, un proiettore, un televisore digitale.

Nello schema di Von Neumann è indicato che tutti i componenti illustrati interagiscono tra di loro attraverso il bus?

Dov'è il bus nella scheda madre?

Si deve girare la Motherboard dall'altra parte. Le linee di collegamento sono, di solito, nel retro.

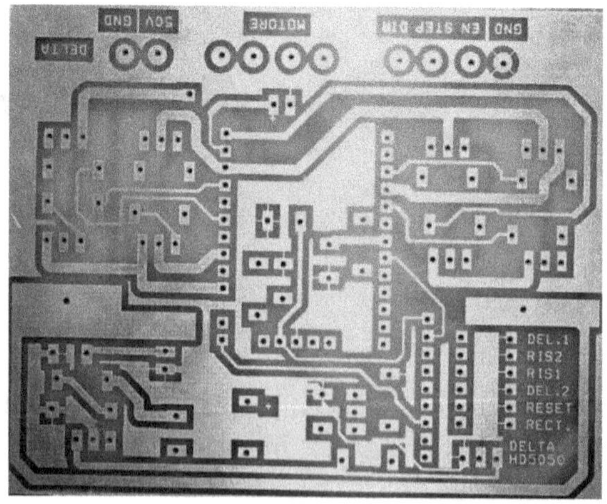

Il bus di sistema è quindi costituito da una serie di connessioni elementari lungo le quali viene trasferita l'informazione, che collegano il processore alla memoria o all'interfaccia di una specifica periferica.

A seconda del tipo di informazione trasportata ci sono 3 tipi di bus: un bus dati, un bus indirizzi e un bus controlli.

3.3. Cosa ha un computer meglio di un altro?

Nel capitolo precedente abbiamo visto le componenti fondamentali di un computer secondo il modello di Von Neumann.

In linea di massima, se migliorano le prestazioni di queste componenti migliorano le performance del computer nel suo complesso.

Quindi se il processore riesce a svolgere le operazioni in modo più rapido, se la memoria è più capiente con maggior spazio disponibile per i dati e programmi in esecuzione, tutto il computer opererà in modo più veloce.

Chiaramente la velocità dipende anche da quanti programmi, da quante applicazioni, sono contemporaneamente in esecuzione. Se il processore deve stare attento all'antivirus, alla stampa, al programma di videoscrittura e alla spedizione delle mail nella stessa sessione di lavoro, chiaramente lavora in modo più lento rispetto a quando è in esecuzione un solo processo. È come se dobbiamo svolgere quattro lavori contemporaneamente: il nostro livello di velocità ed efficienza diminuisce.

Ci sono poi anche altri fattori che possono influenzare le prestazioni di un computer.
In questi anni, soprattutto per la sempre crescente diffusione di prodotti multimediali, un altro componente del computer ha assunto importanza nella valutazione delle prestazioni: **la scheda grafica**, o scheda video.

La scheda video è il componente che genera il segnale video del monitor. In pratica è quello che crea le immagini sullo schermo.

Per la crescente qualità (quindi complessità) delle immagini, animazioni, video la scheda grafica è diventata sempre più fondamentale, fino ad essere un vero e proprio sotto computer.
Infatti, ha un proprio processore, detto **GPU (Graphic Processor Unit)**, e una propria memoria.

Nei computer economici la scheda video è incorporata nella scheda madre. Le schede video più professionali sono separate e collegate attraverso le porte PCI.

Quindi, la **scheda video integrata:**
è saldata sulla scheda madre, o nel processore;
sfrutta la memoria installata sulla scheda madre, quindi una parte di memoria viene usata dalla scheda video;
ha prestazioni basse;
se si rompe non la si può sostituire;
non è possibile fare un upgrade con una scheda video più prestante.

Scheda video dedicata:
è montata separatamente sulla scheda madre;
sfrutta la memoria installata e non usa quella scheda madre;
consuma e scalda di più della scheda integrata ma ha prestazioni superiori;
se si rompe la si può riparare oppure sostituire;
si può upgradare mettendo una scheda video più prestante.

Ci sono altre caratteristiche che favoreggiano le schede dedicate. Per la scelta una cosa importante è sapere quello che bisogna farci con un pc. Una scheda video dedicata comunque è consigliata per fare elaborazione di audio/video, giochi estremi, lavori in 3D, lavori di fotoritocco.

Una scheda video integrata invece è utilizzabile per vedere film o foto, piccoli giochi, e normali applicazioni di scrittura o calcolo.

I segreti svelati in questo capitolo

. I computer si possono ordinare, per dimensioni e potenza di calcolo, in questo modo: supercomputer, mainframe, minicomputer, workstation, personal computer o PC.

. ll Netbook, è un particolare tipo di computer portatile leggero e con dimensioni ridotte. È utilizzato principalmente con internet.

. Il modello teorico di computer prende il nome di modello di Von Neumann, dal nome del suo ideatore.

. I moduli del modello di Von Neumann sono: il processore o CPU, le memorie, le periferiche. Queste componenti colloquiano tramite linee dedicate dette bus.

. Il processore o CPU (Central Process Unit, Unità Centrale di Processo) è il cuore del computer. È il dispositivo che controlla e gestisce tutte le operazioni del calcolatore.

. Le memorie contengono i dati e i programmi che usa il computer. Ci sono due tipologie di memorie: la memoria interna, che si trova sulla scheda madre e la memoria esterna collegata alla scheda madre attraverso appositi cavi e connettori.

. Le unità di input/output, dispositivi che permettono l'introduzione dei dati e la visualizzazione dei risultati sono collegate alla scheda madre attraverso opportuni connettori, chiamate porte di connessione o di input/output. Ci sono vari tipi di porte a seconda delle esigenze.

. La porta di connessione più importante è la porta USB. La lettera U sta per universale, per indicare che è possibile collegare qualunque periferica.

. Uno dei componenti che maggiormente differenzia le prestazioni di un computer è la scheda grafica, o scheda video.

Domande

1. Un server è:

a) Un computer che ospita programmi e dati condivisi dalle postazioni collegate alla rete;
b) Un computer che utilizza i programmi e dati condivisi dalle postazioni collegate alla rete;
c) Il computer che ha le migliori prestazioni tra le postazioni collegate alla rete;
d) Un computer privo di memoria e di unità elaborativi.

2. Che differenza c'è tra hardware e software:

a) L'hardware si riferisce al computer come macchina, il software si riferisce ai programmi
b) Designano rispettivamente computer difficili e facili da usare
c) Hardware è il corpo principale del computer, software sono i dischetti
d.) Il primo è l'elaboratore centrale di una rete, il secondo identifica gli altri computer

3. Un mainframe è:

a) Il modulo principale di un programma
b) Un sistema di elaborazione multiutente
c) Una parte di una finestra Windows
d) Uno dei componenti della CPU

4. Un minicomputer è:

a) Un elaboratore con una notevole potenza di calcolo.
b) Un elaboratore portatile.

c) Un elaboratore senza periferiche.
d) Un PC senza memoria di massa.

5. Un bus è:

a) Un componente della CPU.
b) Un dispositivo usato solo nelle reti.
c) Il canale trasmissivo con cui colloquiano le componenti di un elaboratore.
d) Una periferica d'uscita.

6. Fanno parte dell'hardware:

a) Il sistema operativo ed i programmi applicativi
b) Il processore e la memoria centrale
c) Il sistema operativo e le periferiche
d) Il file system e la memoria secondaria

7. Gli elementi base dell'architettura di Von Neumann sono:

a) Periferiche d'ingresso, periferiche d'uscita e interfacce.
b) CPU, memoria, bus e periferiche.
c) Unità di controllo e ALU.
d) Memoria interna, memoria esterna e memoria cache.

8. Quali delle seguenti è una caratteristica di un computer di tipo desktop?

a) Facilità per aggiungere componenti
b) Estrema velocità
c) Dimensioni ridotte
d) Trasportabilità

Soluzioni

1 a; 2 a; 3 b; 4 a; 5 c; 6 b; 7 b; 8 c

4. IL COMPUTER HA UN CERVELLO: LA CPU

4.1. La CPU o Processore

Il processore, o **CPU (Central Process Unit)**, è il cuore, il cervello, il centro operativo del computer.
Senza il processore il computer non riesce a fare nulla, è come un uomo senza il cervello. Se accendi un computer senza il processore l'unica cosa che vedrai accendersi è il led dell'alimentazione.

Il processore interpreta ed elabora tutte i comandi che vengono impartiti al computer (apri un programma, fai una stampa, salva il documento, ecc.) e fa eseguire tutte le relative operazioni. Le sue dimensioni sono minime, pochi centimetri quadrati, ma racchiudono la tecnologia informatica più evoluta.

La CPU è la parte che più di ogni altra caratterizza il calcolatore contribuendo a definirne le prestazioni.

La caratteristica più importante del processore è la velocità (o frequenza) con cui esegue le operazioni. La velocità di un processore si esprime in milioni di operazioni al secondo realizzate. La velocità si misura in Mhz (megahertz = Mhz = milioni di cicli al secondo) o attualmente in Ghz (Gigahertz = Ghz = miliardi di operazioni al secondo).

Se leggiamo che un processore ha una frequenza di clock di 2 Ghz significa che è in grado di eseguire 2 miliardi di cicli di istruzione al secondo.
Sembra una quantità smisurata, fuori da ogni logica.

In realtà stiamo parlando d'istruzioni in linguaggio macchina, quindi, istruzioni molto semplici, eseguibili da circuiti elettronici elementari: ad esempio, un processore non è in grado di fare immediatamente la somma 40 + 30 = 70, come noi. L'operazione 40 + 30 viene svolta dalla CPU contando 40 + 1 + 1 + 1, ecc. per 30 volte. Cioè riesce solo a fare una somma unaria.

Quindi è chiaro che se ogni operazione deve essere scomposta in "sotto" operazioni molto semplici, è necessaria una elevata velocità.

È molto facile vedere la velocità del processore del tuo computer.

Una volta avviato, fai un clic sul pulsante Start, che si trova nella barra delle Applicazioni, in basso a sinistra.

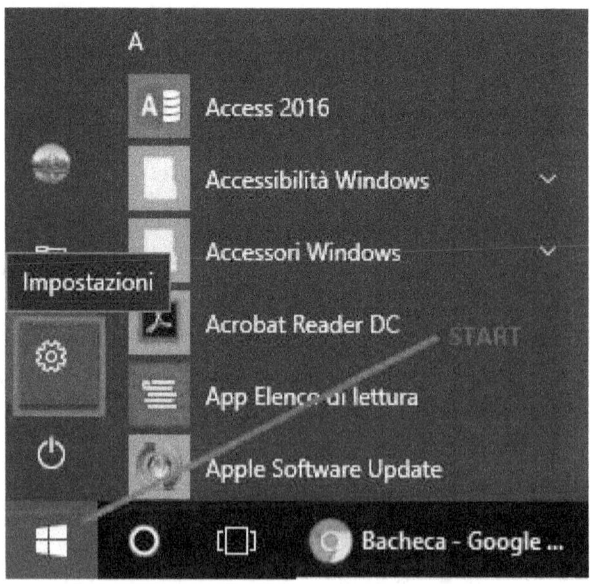

Nel menu che appare fai clic su Impostazioni.

Appare la finestra delle impostazioni del tuo computer. Se fai un clic sulla voce Informazioni puoi vedere le prestazioni del tuo processore.

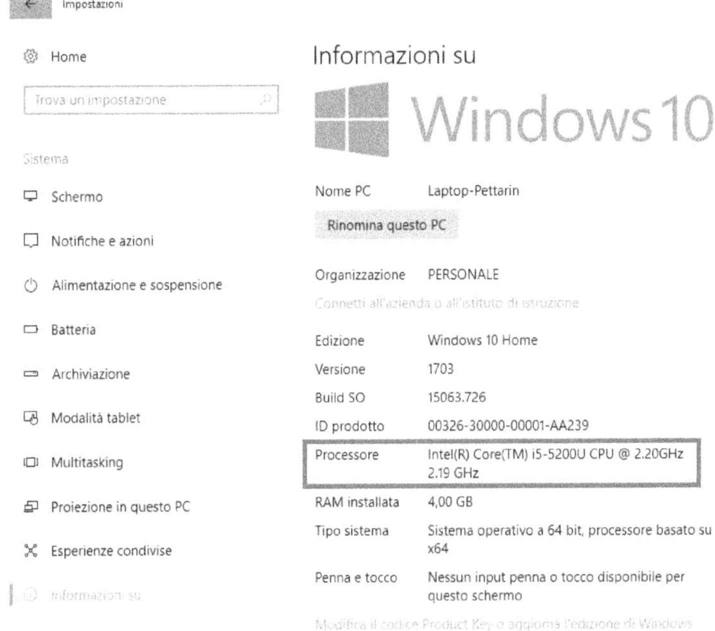

La crescita di velocità dei processori negli anni è inarrestabile. 25 anni fa il processore (il celeberrimo 486) aveva una velocità di 25 Mhz. Adesso siamo nell'ordine di 3,6 Ghz.

In realtà, i tempi in cui ogni nuova versione di un processore assicurava un incremento di prestazioni dell'ordine di qualche punto percentuale sono al termine.

I processori attuali utilizzano una tecnologia dual core: in pratica un singolo microchip al cui interno si trovano due processori distinti.

La presenza di più di un processore permette, per come si utilizza adesso un computer, il massimo beneficio in termini di prestazioni.
Nella situazione di in un PC reale vi sono più processi in esecuzione: Il programma di videoscrittura che sta utilizzando l'utente, ma anche il programma antivirus, la posta elettronica, il programma Windows stesso, ecc.

Con due processori l'applicazione in primo piano è eseguita alla massima velocità possibile da un processore, mentre l'altro si occupa degli altri processi, senza rallentare il lavoro.

I segreti svelati in questo capitolo

. Il componente più importante di un computer è il processore, o CPU (Central Process Unit). È la CPU che elabora e fa eseguire tutte i comandi che vengono impartiti al computer.

. La potenza di un processore viene espressa dal numero di operazioni che riesce a fare in un secondo. Attualmente siamo nell'ordine di miliardi di operazioni al secondo. Un Gigahertz corrisponde a un miliardo di operazioni al secondo.

. Per visualizzare le prestazioni del tuo processore nel menu del pulsante Star scegli la voce Impostazioni. Se selezioni Informazioni vedrai, nella parte destra della finestra delle impostazioni, la velocità del tuo processore.

. La tecnologia *dual core* prevede che all'interno del computer ci siano due CPU integrate tra loro che lavorano in parallelo, suddividendosi i programmi da eseguire.

Esercizi

1. Cosa misura la velocità di un processore?

a) La velocità di accensione del PC.
b) La velocità di esecuzione delle istruzioni.
c) La velocità di stampa.
d) La velocità di scaricamento delle mail.

2. La sigla Gigahertz indica:

a) Milioni di operazioni al minuto.
b) Miliardi di operazioni al minuto.
c) Milioni di operazioni al secondo.
d) Miliardi di operazioni al secondo.

3. Un processore dual core:

a) Ha due memorie.
b) Opera su due computer.
c) Ha dimensioni doppie rispetto a un processore normale.
d) Ha due processori.

4. Un processore dual core rispetto a un computer con un solo processore:

a) È veloce il doppio.
b) È meno veloce.
c) Ha una memoria doppia.
d) Ha una velocità superiore ma dipende dai programmi in esecuzione.

Soluzioni

1 b; 2 d; 3 d; 4 d.

5. IL COMPUTER HA PIÙ DI UNA MEMORIA

Uno degli elementi fondamentali di un computer è la memoria, o meglio le memorie.
Se la CPU può essere paragonata al motore di una automobile, la memoria può essere associata al serbatoio.
La memoria è il contenitore del "carburante" che fa lavorare il computer: i programmi e i dati.

5.1. Vari tipi di memorie

Come sono fatte le memorie?
Ancora una volta dobbiamo ricordarci che stiamo sempre parlando di apparecchiature elettroniche, di componenti che distinguono solo due diversi stati fisici: acceso o spento, tensione alta o tensione bassa, passaggio di corrente o assenza di corrente, ecc.
Quindi apparecchiature che capiscono solo un linguaggio "elettrico" di due segnali, il linguaggio binario, già visto nel primo capitolo.

Le memorie, in linea generale, sono di tre tipi:

1. **elettriche;**
2. **magnetiche;**
3. **ottiche.**

5.2. Come lavora e memorizza un computer

Come sono memorizzate le informazioni? In un paragrafo successivo vedremo come funzionano le memorie ottiche: il caso elettrico e magnetico possono essere visti assieme. Infatti, attraverso una elettrocalamita si può trasformare il segnale elettrico in segnale magnetico.

Quindi una memoria può essere vista come una superficie dove si possono registrare dei segnali elettrici o magnetici. Ad esempio su un Hard disk delle testine elettromagnetiche riescono a magnetizzare piccole porzioni del disco con una carica positiva o negativa. In pratica, è possibile memorizzare sequenze di 0 (-) e 1 (+).

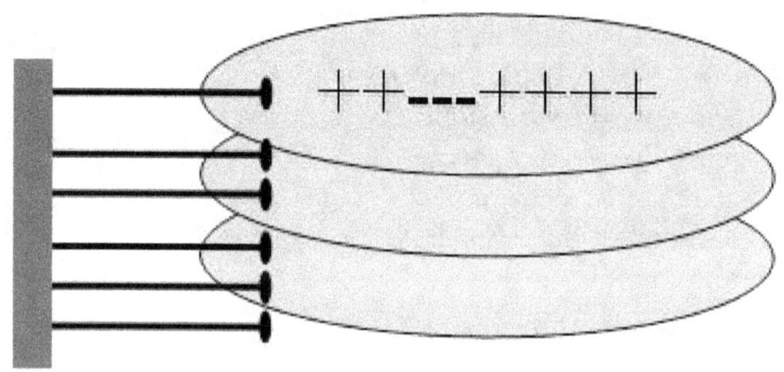

Quindi "incidendo" i segnali positivi o negativi, i più e meno, gli 0 ed 1, si memorizzano le informazioni.

Ma che legame c'è tra questi segnali elettrici/magnetici e le informazioni che dobbiamo memorizzare?
Nelle memorie del computer ci sono testi, immagini, suoni, ecc., non segnali più e meno.

In realtà, invece, è proprio così.

Abbiamo visto che è possibile tradurre i numeri, i caratteri, le immagini, come sequenze di numeri binari. Il computer traduce queste sequenze di numeri binari nei rispettivi segnali elettrici/magnetici e in questo modo li memorizza.

Quindi quando scrivo la lettera A e la salvo nell'hard disk avrò questi passaggi:

A → 01100001 (in codifica ASCII)
→ – + + – – – – + (in segnale magnetico).

Ogni singolo più e meno, in informatica, prende il nome di **bit**. La sequenza di 8 bit si chiama **byte**.

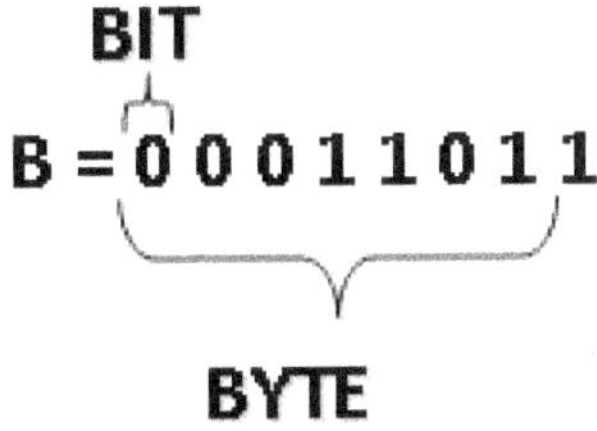

Quindi ad ogni lettera dell'alfabeto corrisponde un byte. Ad esempio, per memorizzare la parola HOW2 servono quattro byte (e 32 bit).

Il byte è l'unità di misura della capacità di una memoria, diciamo come i litri per il serbatoio della macchina.
In realtà non si usa il byte per indicare la capacità di una memoria: è una unità di misura troppo piccola.
Infatti, se un byte corrisponde ad un carattere, allora un foglio di testo, formato di solito da circa 1000 caratteri, occupa già 1000 byte.
Ma un hard disk riesce tranquillamente a contenere centinaia di milioni di fogli di testo: quindi si dovrebbe dire che ha una

capacità di migliaia di milioni di byte. Non è pratico! È come se una persona esprimesse il suo peso in grammi, o l'altezza in millimetri.

Quindi, come per il peso o per l'altezza, si usano le unità di misura superiori:

1. Bit - singola unità di informazione
2. Byte - 8 Bit
3. KB (Kilobyte) = 1024 byte
4. MB (Megabyte) = 1024 KB = 10242 byte (milioni di byte)
5. GB (Gigabyte) = 1024 MB = 10243 byte (miliardi di byte)
6. TB (Terabyte) = 1024 GB = 10244 byte

E, in un prossimo futuro:

7. PB (Petabyte) = 1024 TB = 10245 byte
8. EB (Exabyte) = 1024 PB = 10246 byte

Ecc.

Perché 1024 e non 1000, come per chilo, tonnellata, ecc.? perché lavoriamo con matematica di base 2 e 1024 è una potenza del 2; $2^{10} = 1024$.

Dove possiamo trovare questi termini?

Ad esempio, andiamo a vedere le proprietà del disco locale C (l'hard disk). Dal menu del pulsante Start scegli la voce Esplora file.

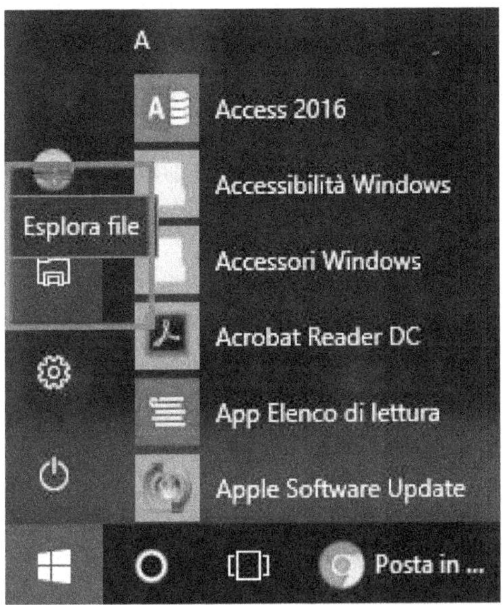

Appare una finestra che mostra vari file presenti nel tuo PC. Fai un clic sull'icona del tuo computer (Questo PC) in modo da visualizzare l'icona del disco locale nella parte destra della finestra.

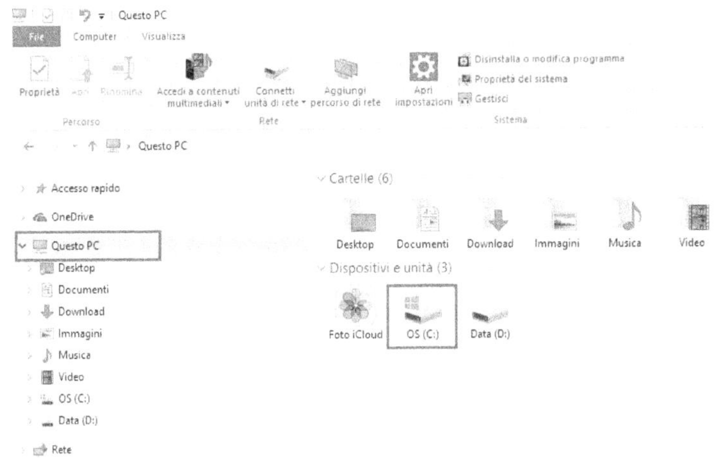

Fai un clic con il tasto destro del mouse sull'icona del disco C. Nel menu che appare, scegli la voce Proprietà.

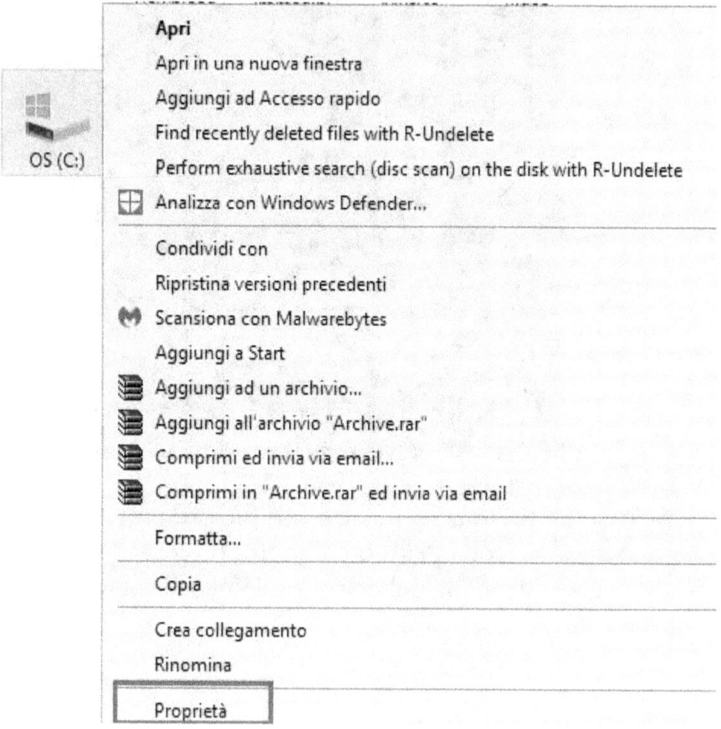

Appare la finestra che descrive le proprietà dell'hard disk. C'è un grafico che descrive quanta memoria è libera e quanta è occupata.

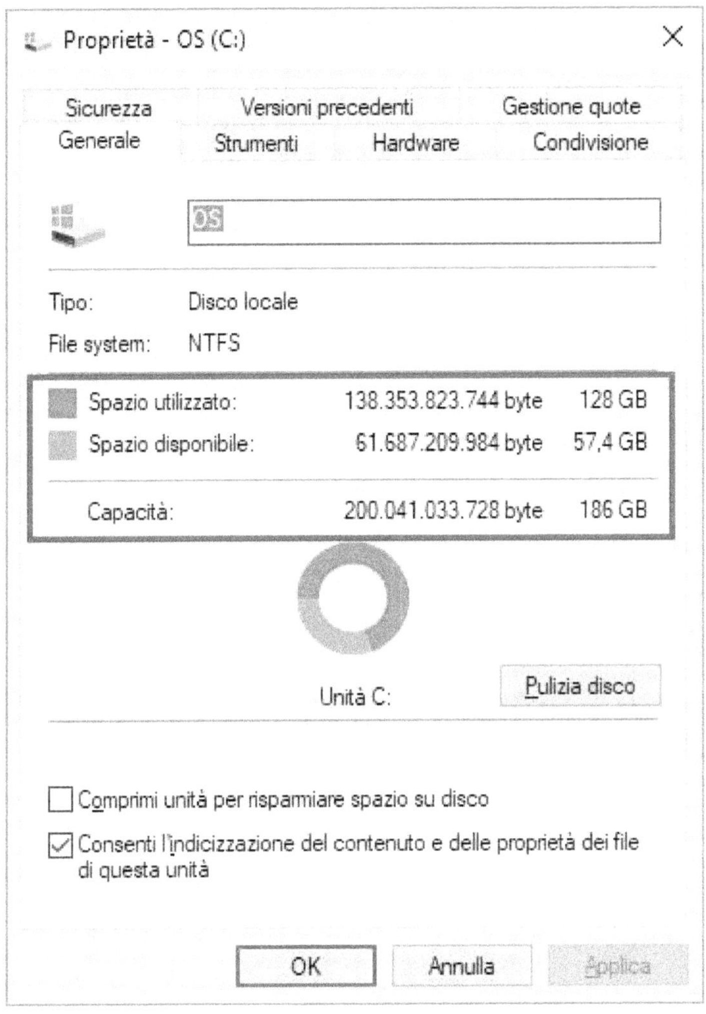

Come vedi, appare il termine byte e il corrispondente valore in Gigabyte.

5.3. Le memorie interne ed esterne

Una memoria è un dispositivo capace di immagazzinare, conservare e restituire informazioni, cioè programmi, applicazioni e dati. Nel computer sono presenti diversi tipi di memorie. Ciò che differenzia le memorie è la velocità di accesso, la capacità e il prezzo.

Infatti, nel computer esiste una vera e propria suddivisione delle memorie in due blocchi:

1. MEMORIA INTERNA, o principale, o primaria posta fisicamente sulla motherboard.

a. RAM (Random Access Memory)
b. ROM (Read Only Memory)
c. CACHE

2. MEMORIA ESTERNA, o secondaria o di massa che si trova su dispositivi posti fuori della scheda e ad essa collegati.

a. Hard disk (interni ed esterni).
b. Chiavette USB flash.
c. CD/DVD (e dischi blue ray).
d. Memory card.
e. Dischi on line.
f. Floppy disk, nastri, zip disk, ecc. (ormai stanno scomparendo)

La comunicazione tra il processore è le memorie può essere rappresentata dallo schema seguente:

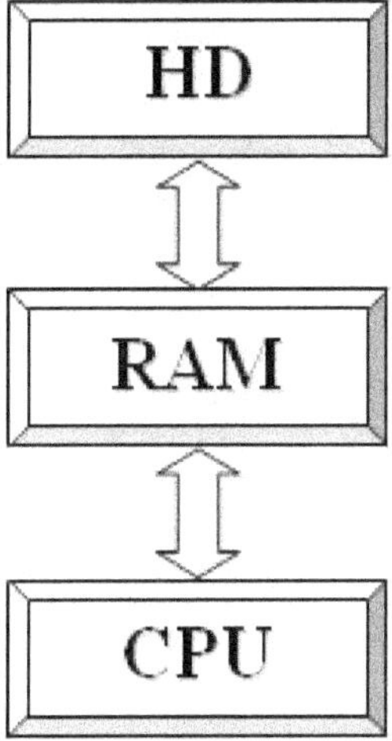

Come viene gestito questo colloquio? Come mai c'è questa suddivisione?

Vediamo come avviene, in modo molto semplificato, il dialogo tra il processore e le memorie nel caso di modifica e salvataggio di una lettera in WordPad.

1. Per modificare una lettera per prima cosa noi andiamo nella cartella dell'hard disk dove è salvata, in modo da aprirla e visualizzarla a video. Quindi il processore va ad interagire con l'hard disk.

2. La lettera viene caricata nella memoria RAM. A video può apparire una rotellina che indica che la lettera si sta aprendo.

3. Si comincia a scrivere e a modificare il testo della lettera. Il processore esegue queste operazioni sulla copia della lettera presente nella memoria RAM.

4. Abbiamo finito le modifiche. Chiudiamo WordPad: appare la richiesta di salvataggio delle modifiche, che

confermiamo. Il processore riporta la lettera nell'hard disk al posto dell'originale. Noi attendiamo qualche attimo che si chiuda il programma WordPad.

Perché tutti questi passaggi?

La causa è la diversa velocità delle due memorie: per motivi costruttivi, che vedremo, l'hard disk è una memoria "lenta", la RAM è velocissima.

Quindi, per ottimizzare i tempi di lavoro, il processore preferisce perdere un po' di tempo all'inizio, per caricare la lettera in RAM (quindi la rotellina che gira) e alla fine, per riportare la lettera nell'hard disk (qualche attimo per uscire da WordPad). Quando la lettera è nella RAM il lavoro procede velocissimo: premo grassetto e la frase appare subito in grassetto, aggiungo del testo e le lettere appaiono immediatamente, ecc.

Quindi si preferisce perdere un po' di tempo all'inizio e alla fine ma lavorare in modo velocissimo.

Ma, a questo punto, la domanda è spontanea: a cosa serve l'hard disk? È lento! Non si può fare un PC con sola memoria RAM?

Il problema è il costo: 1MB di RAM costa 1000 volte in più rispetto ad 1 MB di hard disk. Quindi, visto che per i programmi attuali servono memorie di migliaia di MB, il costo di un computer diventa improponibile per buona parte di noi.

Bene, ma io sono multimilionario! Voglio un PC velocissimo, sono disposto a spendere qualunque cifra, quindi voglio un PC con tanta e sola RAM! Perché non lo producono?

Perché la memoria RAM è una memoria non permanente, **volatile**: il contenuto viene perso se cessa l'alimentazione del sistema, cioè quando si spegne il computer. È una memoria di tipo elettrico, formata da microscopici condensatori ognuno dei quali memorizza un bit: un condensatore è un circuito elettrico che riesce a conservare la carica elettrica fintanto che è alimentato.

Al contrario la memoria hard disk è una memoria magnetica, cioè formata da materiali (le sostanze ferromagnetiche) capaci di assumere e mantenere una magnetizzazione positiva o negativa. La memorizzazione è **permanente** (fino ad una successiva sovrascrittura).

Quindi visto che, prima o poi si deve spegnere il PC, ho bisogno di una memoria permanente per poter mantenere memorizzati tutti i miei lavori.

Questo spiega il fatto che se manca all'improvviso la corrente perdo (in linea di massima) tutte le modifiche che ho fatto ad un documento dopo l'ultimo salvataggio: queste modifiche non sono finite nella copia permanente del documento che sta nell'hard disk.

Quindi, l'uso di gerarchie di memoria dalla velocità e dai costi via, via crescenti serve ad ottimizzare la memoria disponibile in termini di prestazioni e spesa relativa.

L'ideale dal punto di vista delle prestazioni sarebbe implementare tutta la memoria come registri interni del processore o con tecnologie a condensatore consentendo un accesso quasi istantaneo alle informazioni; d'altra parte, per aver memorie in grado di contenere una elevata quantità di dati, senza spendere cifre astronomiche, sarebbe opportuno scegliere memorie dal basso costo per unità di memoria.

Il compromesso fra le due esigenze ha fatto nascere una gerarchia a tre livelli (i registri interni del processore non vengono considerati memoria vera e propria):

1. Memoria cache (memoria molto veloce, di piccole dimensioni e costosa, che vedremo)

2. Memoria centrale (memoria veloce, di medie dimensioni e abbastanza costosa)

3. Memoria secondaria (memoria lenta, di notevoli dimensioni ed economica).

Vediamo ora in dettaglio i vari tipi di memorie.

5.4. La memoria RAM (interna)

La RAM fa parte della memoria centrale del computer assieme alla memoria ROM.

La sigla RAM significa Random Access Memory, memoria ad accesso casuale: sarebbe meglio dire ad accesso diretto, nel senso che il processore accede in modo immediato ai dati e programmi che deve utilizzare.

È chiamata anche memoria di lavoro in quanto i dati ed i programmi non sono utilizzabili da parte del processore se non si trovano all'interno della RAM, dalla quale vengono estratti per le necessarie elaborazioni. Quindi, la RAM contiene qualsiasi dato e programma che il computer sta elaborando.

Da ciò si capisce perché aumentare la memoria RAM del PC, può portare ad un aumento delle prestazioni: c'è più spazio per caricare tutti i programmi e dati che devono essere elaborati, diminuendo gli accessi alla memoria secondaria.

I personal computer di adesso (gennaio 2018) hanno una RAM che va da 2Gb a 10 Gb.

In linea di massima per Windows 7, 8, 10 possono bastare 2Gb di RAM, ma è meglio 4Gb o 8.

Se vuoi vedere quanta RAM ha il tuo computer visualizza le Impostazioni dal menu del pulsante Start.

Nella finestra delle Impostazioni di Windows, scegli Sistema.

Nella parte sinistra della finestra scegli la voce Informazioni su.

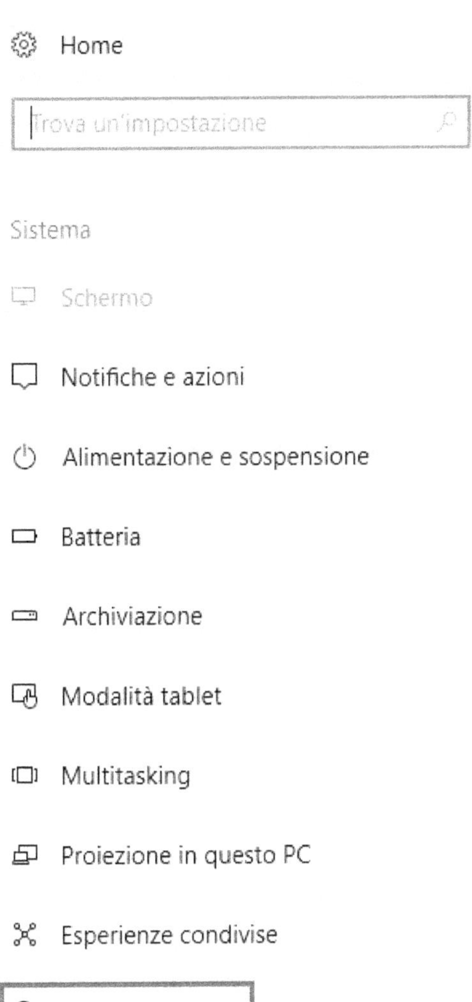

Nella parte destra della finestra puoi vedere la quantità di RAM presente e il processore che c'è nel tuo computer.

Informazioni su

Nome PC   Laptop-Pettarin

Rinomina questo PC

Organizzazione   PERSONALE

Connetti all'azienda o all'istituto di istruzione

Edizione   Windows 10 Home

Versione   1703

Build SO   15063.786

ID prodotto   00326-30000-00001-AA239

Processore   Intel(R) Core(TM) i5-5200U CPU @ 2.20GHz
                   2.19 GHz

RAM installata   4,00 GB

Tipo sistema   Sistema operativo a 64 bit, processore basato su
                   x64

Il contenuto della RAM può essere scritto, modificato e cancellato: all'accensione del computer, però, la memoria RAM è completamente vuota e torna in questo stato una volta che il computer è spento. Per questa ragione la RAM viene anche detta memoria volatile.

La RAM è costituita da un gran numero di circuiti elementari, i condensatori, che possono assumere solo due stati: carico e scarico, spento e acceso. A questi due stati corrispondono i simboli zero ed uno attraverso i quali rappresentiamo qualsiasi tipo di informazione.

Attualmente i tempi di accesso alla memoria centrale sono dell'ordine delle decine di nanosecondi (1 ns = 1 miliardesimo di secondo).

5.5. La memoria ROM (interna)

la memoria ROM, non cancellabile e non riscrivibile, è meno costosa della RAM in quanto realizzata con circuiti molto più semplici.

La sigla ROM significa Read Only Memory ovvero memoria a sola lettura e, a differenza della RAM, mantiene le informazioni anche in caso di mancanza di corrente.

La memoria ROM contiene le informazioni per l'avvio del PC. Ogni volta che si accende il computer, il processore va a controllare il tipo di hardware che è presente, e, attraverso vari test di controllo, che non ci siano problemi per qualche componente. Queste informazioni sono scritte nei circuiti della memoria ROM dalla ditta che produce il computer.

La memoria ROM è più piccola della RAM, appunto perché deve contenere poco software, le istruzioni per avviare il PC. Un software di questo tipo, implementato dal costruttore del PC direttamente sui circuiti, un software scritto nell'hardware, un ibrido, prende il nome di firmware.
In particolare il firmware della ROM si chiama BIOS che significa proprio Basic Input Output System, ovvero le operazioni base che un PC effettua all'avvio.

L'operazione di avvio è detta **bootstrap**, cioè "allacciarsi le scarpe", e si articola in tre fasi:

1. verifica dell'hardware;

2. attivazione dell'hardware;

3. avvio del software di base del computer, il sistema operativo che vedremo quando si parlerà del software.

Chiaramente senza la ROM il PC non sarebbe in grado di accendersi.

5.6. La memoria Cache (interna)

La memoria cache è una memoria di transito, molto veloce, più della RAM, tra la CPU e la RAM e tra la RAM e la memoria esterna.

La memoria cache è una memoria temporanea utilizzata per migliorare il trasferimento dei dati tra la memoria centrale e i registri della CPU; la cache, sensibilmente più veloce della memoria centrale, grazie a propri meccanismi di gestione, contiene i dati usati più frequentemente dalla CPU; quando il processore richiede un dato, questo viene prima ricercato nella memoria cache (dove probabilmente si trova); in caso negativo, l'informazione viene recuperata dalla memoria centrale e, in parallelo, vengono aggiornati i contenuti della memoria cache in modo che i dati in essa residenti siano sempre i più richiesti (in termini probabilistici).

5.7. La memoria Hard disk (esterna)

La memoria esterna, detta anche secondaria o di massa, è una memoria di supporto che contiene programmi e dati che possono essere sfruttati solo indirettamente dal processore, visto che l'unica memoria con cui il processore è collegato risulta essere quella centrale.

I vari dispositivi di memorizzazione attualmente in uso si differenziano per la quantità di dati memorizzabili, per la loro velocità di fornirli alla memoria interna e per il loro costo per unità di memoria.

Per le caratteristiche costruttive e per come memorizzano i dati sono presenti diversi dispositivi di memorizzazione.
La memoria hard disk è la memoria di massa più importante del PC.
Contiene, in modo permanente, tutti i dati e i programmi che il computer può usare. È il principale serbatoio di benzina del computer.
Dal punto di vista costruttivo, un hard disk assomiglia ad un juke box.

Ci sono dei dischi di materiale magnetizzabile e delle testine di scrittura/lettura (in pratica delle elettrocalamite) che vanno a leggere il segnale magnetico sulla superficie del disco oppure lo scrivono. Infatti, una elettrocalamita riesce appunto a trasformare un segnale elettrico in magnetico.
Quindi sulla superficie di un disco ci saranno delle sequenze di segnali positivi e negativi: ognuno è un bit.

L'informazione è quindi presente sull'hard disk. Se segnali magnetici non sono troppo vicini da disturbarsi rimangono sull'hard disk anche in assenza di corrente: la memorizzazione è permanente.

Quindi l'hard disk è un dispositivo formato da una serie di dischi magnetici che ruotano attorno ad
un perno centrale.
Per ogni disco ci sono due testine di lettura/scrittura, una per ogni lato.

Per consentire alte velocità di rotazione (tempi d'accesso più brevi), i dischi si trovano in un contenitore sottovuoto. Le testine non sono a diretto contatto con la superficie del disco ma la sfiorano. Questo per evitare l'attrito, quindi più velocità, e il rischio di graffiare il disco.

Quanti dischi ci sono? Quanto sono grandi?

Sempre per migliorare la velocità si preferisce avere tanti dischi, uno sopra l'altro a formare un cilindro, e con diametro piccolo. In questo modo le testine devono muoversi su un corto raggio. Inoltre ci sono tante testine che si muovono in parallelo, quindi più informazioni scritte in un singolo movimento (4 dischi = 8 testine = 8 bit scritti in un unico passaggio).

Una curiosità: se apriamo le risorse del computer vediamo che l'hard disk è indicato con la lettera C.

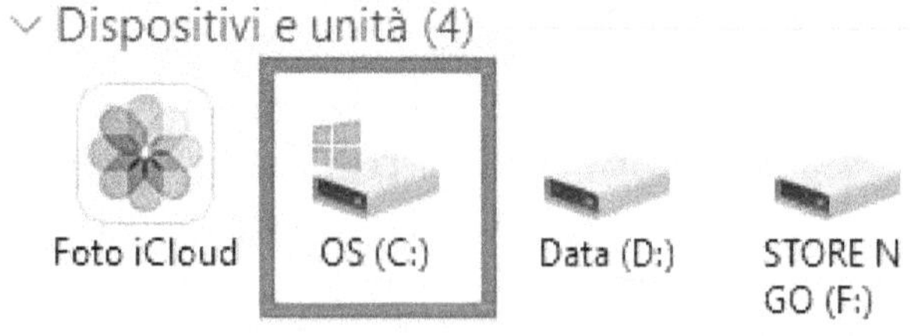

Questa è l'immagine delle memorie del mio computer: ho due hard disk (C e D) una chiavetta USB (F). L'hard disk con la bandierina di Windows (▓) è quello che contiene il sistema operativo Windows ed è il mio hard disk principale. L'altro lo uso per copie di sicurezza.

Ma se è la memoria di massa più importante, perché C? Non era più corretto A, cioè la prima lettera? Per ordine gerarchico il più importante dovrebbe avere la prima lettera. Tutto dipende dalla storia dei personal computer.

I primi personal computer non avevano il disco fisso. C'era solo il floppy disk, che vedremo nel paragrafo successivo. Quindi il floppy ha preso il nome di unità A.

L'hard disk è arrivato dopo, e visto che ci sono state due tipologie di floppy, floppy da 5 ¼ e floppy da 3 ½ (quelli attuali), all'hard disk è rimasta la lettera C. Il mio computer, che è abbastanza nuovo, non ha più l'unita floppy disk: come vedremo nel paragrafo successivo, è una memoria che sta scomparendo.

Gli hard disk possono essere anche esterni, collegati attraverso la porta USB. Spesso si usa un hard disk esterno per il backup, cioè per le copie di sicurezza.

Se colleghiamo un hard disk esterno gli viene assegnata la prima lettera dell'alfabeto libera: ad esempio D, e così via. Ogni memoria esterna avrà una sua lettera identificativa.
La capacità tipica di un hard disk, al gennaio 2018, è tra i 500Gb e un Terabyte.

5.8. C'era un a volta la memoria floppy disk

È una delle memorie più "storiche" del PC; nasce con la comparsa dei personal computer.

Il floppy disk è una memoria magnetizzabile permanente con tempo di accesso lento, capacità ridotta, ma trasportabile.

La caratteristica di essere trasportabile, quindi che si può portare da un computer all'altro, è quella che ha permesso la sopravvivenza del floppy, diciamo fino ai giorni nostri: le chiavette USB ne hanno sancito la fine. Il lettore di floppy disk si può trovare nei Pc costruiti fino al 2011-12, una data "preistorica", vista l'evoluzione tecnologica che si ha nel mondo dell'informatica.

Ne parliamo lo stesso, perché il floppy è stato una pietra miliare nel mondo delle memorie.
Un floppy disk ha una struttura simile a quella dell'hard disk, solo che è presente un solo disco.

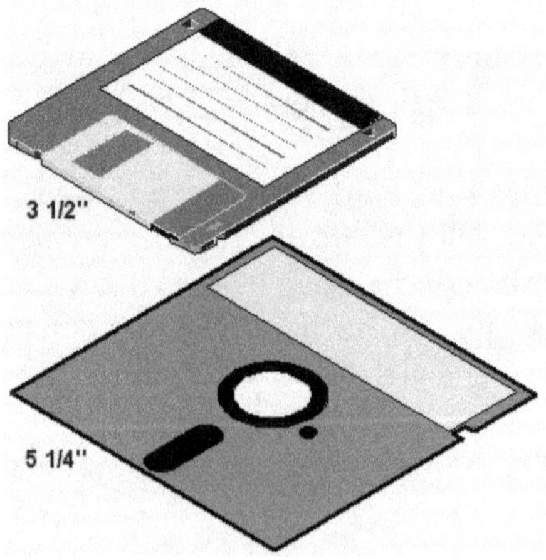

Un floppy disk è un disco di materiale magnetizzato sulle due superfici protetto da una custodia di plastica.

Per accedere alla superficie del disco bisogna spostare la placca metallica. A questo punto, le due testine vanno a contatto con il disco e leggono le informazioni. Quindi la capacità di memorizzazione è piccola, il tempo di accesso è notevole (c'è anche attrito), ma possono essere facilmente trasportati da un computer ad un altro.

Chiaramente per poter essere utilizzati il PC deve avere una apposita apparecchiatura hardware, il lettore di floppy disk.

Il floppy ha subito negli anni una evoluzione sia delle dimensioni che della capacità. I primi floppy, ad uso personale, erano come quello più grande nella figura precedente.

Per le loro dimensioni erano chiamati floppy da 5 ¼: infatti avevano la forma di un quadrato con lato di cinque pollici e un quarto. Un disco magnetizzabile era racchiuso tra due sottili strati di plastica: una fessura di circa un centimetro lasciava vedere la porzione di disco dove la testina effettuava la lettura/scrittura.
La loro capacità variava da 110Kb a 1,2 Mb.

Era una memoria completamente inaffidabile: si piegavano facilmente, la superficie magnetica era esposta all'aria, alla polvere, ecc.

Sono stati rimpiazzati dai floppy da 3 ½, che hanno una custodia più robusta e la superficie magnetica è protetta da una placca metallica.

Anche questo tipo di floppy ha subito un'evoluzione.

1. I primi erano i floppy a doppia densità (sigla DD): riescono a memorizzare fino a 720 Kb.

2. L'evoluzione sono i floppy ad alta densità (sigla HD): hanno un aspetto identico ai precedenti ma capacità doppia, 1,44 Mb.

Ma se sono identici come si distinguono l'uno dall'altro?
I floppy HD hanno sul lato superiore due fori. I floppy DD ne hanno uno solo.

Uno dei due fori ha una piccola placca che scorre e permette di aprire o chiudere la finestrella. È un meccanismo di protezione:

1. Se la finestrella è chiusa il floppy è "sprotetto", libero: si può vedere, cancellare, modificare il suo contenuto.

2. Se la finestrella è aperta il floppy è protetto: si può vedere il contenuto ma non si può modificare.

È chiaro che è una protezione risibile: chiunque può aprire o chiudere la finestrella! Diciamo che è una protezione di cortesia: se trovi un floppy con la finestrella aperta vuol dire "per favore, il contenuto è importante per il proprietario, non chiudere il foro per fare modifiche!".

Curiosità: per proteggere un floppy da 5 ¼ si doveva mettere un pezzo di nastro adesivo su uno dei lati, un po' come si faceva una volta con le cassette musicali. Negli anni '80, l'informatica era molto ruspante.

Per utilizzare un floppy appena acquistato, che non contiene alcun dato, si dovrebbe eseguire una operazione preliminare detta formattazione

Il termine formattazione deriva dall'inglese "format", con cui viene generalmente indicato il comando per la preparazione dei dischetti. La formattazione prepara il floppy a ricevere i dati specificando dove e come devono essere inseriti.

Si può fare un paragone con un parcheggio per le automobili: se non ci sono le righe delimitatrici, ognuno mette la macchina come crede. Se sono tracciate le righe si parcheggia l'auto all'interno degli spazi delimitati.
Quando si formatta un floppy si tracciano le righe, le tracce e i settori citati in precedenza, per parcheggiare i byte.

La formattazione è necessaria perché ci sono vari tipi computer e ognuno ha un suo modo di disporre le tracce: i computer basati su Windows lo fanno in un modo, ma non sono gli unici: esistono gli Apple, AS400, ecc. che scrivono e leggono in modo diverso.

In realtà questo non è del tutto vero: visto che buona parte del mercato è predominio dei computer basati su Windows, tutti gli altri produttori si adeguano al sistema Windows. Infatti sul mercato ci sono i floppy già formattati, per far risparmiare tempo all'acquirente.

Importante è il fatto che la formattazione comporta una cancellazione definitiva del contenuto del floppy. Mai formattare un floppy che contiene dati importanti: si perde tutto!

La formattazione è una operazione che puoi fare con ogni memoria di tipo magnetico, anche con una chiavetta USB. È utile formattare quando è infetto da un virus: si perde tutto ma si è sicuri di rimuovere il virus.

Come si fa a formattare un floppy?

È molto semplice. Facciamo un esempio con una chiavetta. Inserisci una chiave USB nell'apposita porta del tuo computer.
Dal pulsante Start fai clic sull'icona Esplora file.

Nella finestra di Esplora file fai un clic con il tasto destro sull'icona della chiavetta.

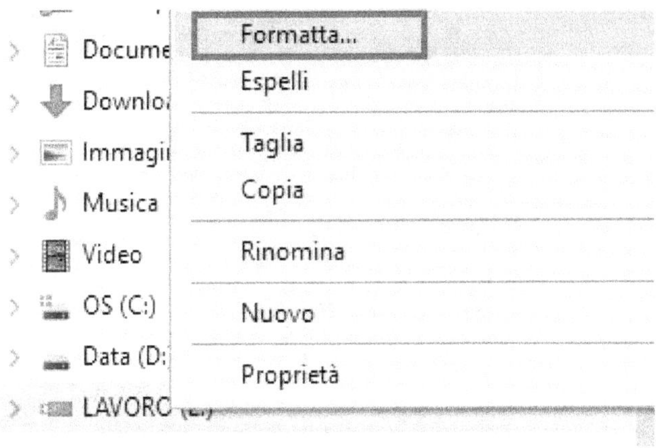

Dal menu contestuale scegli la voce Formatta.

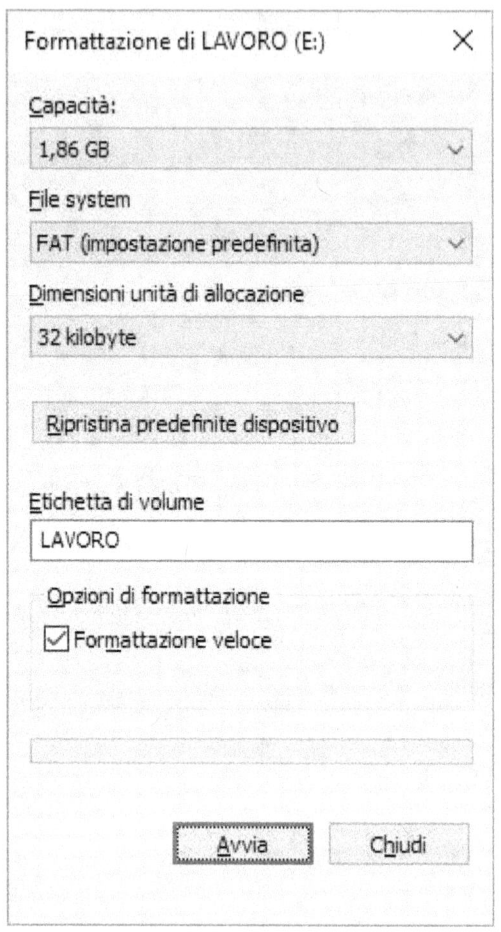

A questo punto si può iniziare il processo.

Anche se fai un clic con il tasto destro sull'icona dell'hard disk, che contiene Windows, appare la voce Formatta.

Ma allora si può formattare l'hard disk e perdere definitivamente tutto il contenuto?

Non direttamente, perché, appunto, l'hard disk contiene Windows: Windows non cancella sé stesso, non si suicida.

Mi raccomando funziona solo se l'hard disk contiene Windows!!! Non sugli altri hard disk!!!

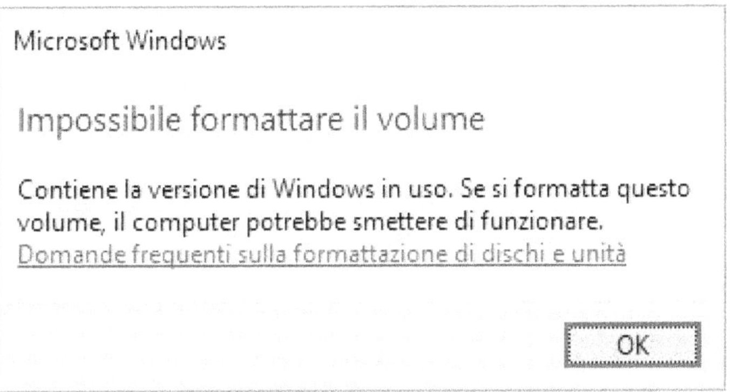

5.9. Le memorie ottiche: CD ROM, CD R, CD R/W, DVD

Nei CD ROM, CD R, CD R/W, DVD si ha una tipologia di memorizzazione completamente diversa dalle precedenti: è una memorizzazione di tipo ottico.

Il primo dispositivo ottico è comparso negli anni 80-90, per la diffusione della musica in formato digitale. Il CD ROM.

La sigla CD ROM sta per Compact Disc Read Only Memory. Il nome fa capire che il CD (almeno in origine) è una memoria a sola lettura.

Infatti, il primo tipo di CD era stato costruito dalla Philips e dalla Sony per registrare dei segnali audio su un supporto digitale, un supporto che "ragionasse" a bit.

Erano dei dispositivi che servivano solo ad ascoltare la musica, con una qualità superiore rispetto agli LP, ma di sola lettura: non si doveva scriverci dentro.
La fase di scrittura arrivò più tardi, con i masterizzatori, che vedremo in seguito.

Come si costruisce un CD ROM?

Un CD è formato da un disco in policarbonato, ricoperto da un sottile strato riflettente di alluminio, racchiuso tra due strati di plastica. In pratica, tipo un panino.

Le informazioni sono impresse sulla superficie metallica riflettente attraverso un raggio laser di scrittura che crea delle piccole depressioni. Chiaramente dove il raggio non va ad incidere la superficie rimane liscia.

In questo modo si creano degli avvallamenti e delle zone piane. Tali variazioni possono essere interpretate come numeri binari "Zero" e "Uno", come informazioni binarie.
Quindi i bit vengono scritti in modo ottico e non magnetico come nel caso dell'hard disk e floppy disk.

La superficie così preparata viene poi racchiusa tra due strati di plastica trasparente per evitare che la polvere possa ricoprire i fori. Poi, eventualmente, si applica la copertina del CD.

La lettura avviene tramite un raggio laser (chiaramente meno potente del precedente) che passa attraverso la plastica trasparente e si focalizza sullo strato riflettente del CD.
Quando il raggio laser incontra un avvallamento esso viene disperso, mentre incontrando una zona piatta viene riflesso ed intercettato da un diodo rilevatore.

Gli avvallamenti non riflettendo la luce vengono interpretati come segnali 0, mentre le zone piatte sono segnali 1; successivamente questa sequenza viene convertita in sequenza binaria.

Questa metodologia costruttiva permette ai CD di avere una densità di informazione superiore ai dispositivi magnetici: infatti nel caso magnetico i bit non possono essere troppo vicini altrimenti la loro carica magnetica verrebbe alterata. Nel caso ottico non c'è questo problema.

Quindi nonostante dimensioni di poco superiori a quelle di un floppy disk, i CD hanno capacità pari a circa 650-700 MB (ancora più grande nei più recenti supporti).

Inoltre, i CD sono più affidabili dato che non sono soggetti ai danni derivati da campi magnetici e non temono l'acqua come i supporti magnetici.

Curiosità: il CD, creato dalla Philips e dalla Sony, ha un diametro di 12 cm e può contenere 74 minuti di registrazione. Perché 74?

Perché il direttore della Sony era un fanatico di Beethoven e voleva a tutti i costi un supporto con una qualità musicale eccelsa dove incidere l'intera nona sinfonia che dura, appunto, 74 minuti.

Il primo CD audio è stato "*52nd Street*" di Billy Joel per conto della Sony Music; la Sony produsse anche il primo lettore commerciale.

Nel 1982 il CD audio viene commercializzato, curiosamente, prima in Europa ed in Giappone e poi negli USA.
Superata la sua prima diffusione come supporto musicale, vista la sua capacità ed affidabilità, si pensò di diffondere il CD come supporto di memorizzazione ad uso comune, superando quello che era il suo principale limite, cioè la possibilità di scrittura.

Nacque così il **CD-R** (CD-Recordable, CD registrabile), la cui scrittura è possibile mediante il
masterizzatore, un dispositivo dotato di un raggio laser più potente di un normale lettore, in
grado di incidere il CD-R.

Il funzionamento di questo dispositivo riprende quello dei CD-ROM comuni, ma gli avvallamenti e le zone piatte, vengono "simulati".
In pratica la superficie riflettente viene ricoperta da una pellicola trasparente: tramite il calore generato dal laser del masterizzatore, si modifica la sua trasparenza divenendo al caso opaca (avvallamento) o rimanendo trasparente (parte piana).
Per produrre CD che avessero caratteristiche migliori in termini di compatibilità e durata sono state create molte leghe per il secondo strato riflettente, dando origine alla caratteristica colorazione variabile dei CD-R.

Ultimo nato il **CD-RW** (CD-ReWritable, CD-Riscrivibile) che possiede la caratteristica di poter
essere scritto più volte. È composto da un materiale cristallino che diviene amorfo al calore del laser e quindi opaco. Non riflettendo più il laser di lettura diventa simile ad un avvallamento. Se invece rimane cristallino riflette il raggio, quindi simula la zona piana.

Per poter essere riscritto, tramite un riscaldamento prolungato a temperatura più bassa è possibile riportare il materiale allo stato cristallino e quindi nuovamente modificabile. Un CD-RW può generalmente sopportare un migliaio di cicli di scrittura-cancellazione.
A questo punto si può chiarire il significato delle sigle 52×, 12×, 4×, ecc. che trovi sulle confezioni di CD R e CD RW.

Significa:

1. Nel caso del CD R con sigla 52× la scrittura è 52 volte più veloce rispetto alla velocità di lettura del primo CD;

2. Nel caso del CD RW con sigla 4× a cancellazione e riscrittura è 4 volte più veloce rispetto alla velocità di lettura del primo CD.
Come vedi nella figura, l'evoluzione della tecnologia, ha portato la capacità di memorizzazione a 80 minuti.

L'evoluzione naturale dei CD sono i DVD (Digital Versatile Disk) che, utilizzando una tecnologia più raffinata, consentono di migliorare le prestazioni in termini di velocità e capacità (fino a 25 volte più veloci e 20 volte più capaci di un CD ROM).

Sono utilizzati come supporto per i film ma anche in ambiti ludici per i videogames.

Da un punto di vista "fisico" il DVD ricorda molto da vicino il tradizionale CD per quanto riguarda forma e dimensioni, ma la differenza sostanziale è la capacità di immagazzinamento. Grazie a tecniche particolari si riesce a creare degli avvallamenti più vicini e più piccoli, quindi maggiore informazione nella stessa quantità di spazio.
Inoltre, il raggio laser riesce a incidere e leggere 4 strati di disco, non 2 (fronte e retro) come per i CD. Si parla di DVD multistrato.
 La capacità di un DVD dipende da quanti strati vengono incisi: da 4,7 Gb a 17Gb.
Un breve cenno sulla nuova tecnologia di dischi ottici: la tecnologia **Blu-ray**.

Blu-ray è un nuovo formato di disco per video ad alta definizione, i famosi film in 3D, che offre sino al sestuplo dei dettagli video rispetto ai DVD tradizionali. Grazie all'utilizzo di un laser a luce blu, i dischi Blu-ray a strato singolo possono contenere sino a 25 GB, mentre quelli a doppio strato possono arrivare a 50 GB.

5.10. Le chiavi USB

Una chiave USB (in inglese USB key) è una periferica di memoria trasportabile di piccolo formato che può essere collegata ad una porta USB di un computer.

Una chiave USB ha un supporto di memoria di tipo flash, una memoria a semi-conduttori, non volatile e riscrivibile: i dati non spariscono se è fuori tensione. Così la memoria flash immagazzina i bit di dati in celle di memoria, ma i dati sono conservati quando l'alimentazione elettrica è interrotta.
È capace di memorizzare fino a più gigabyte di dati, attualmente fino a 256 Gb.

Per la sua elevata velocità, per il fatto che non perde le informazioni memorizzate se manca la corrente e i bassi consumi, una chiave USB è ideale per innumerevoli applicazioni. Possiamo dire che è il dispositivo di memoria trasportabile più pratico e diffuso. Nei capitoli successivi vedremo come utilizzarlo correttamente.

5.11. Le schede di memoria estraibili

Ormai molti dispositivi elettronici attuali, come cellulari, macchine fotografiche e videocamere digitali, ecc. utilizzano per conservare le loro informazioni delle schede di memoria estraibili, dette anche Memory card o Micro SD.

Uno degli elementi trainanti che sta alla base dell'enorme sviluppo e diffusione delle memory card è proprio il mercato dei cellulari, dove è forte la richiesta di memory card in grado di memorizzare una grande quantità di dati, in piccole dimensioni e ad un prezzo contenuto.

5.12. Memoria nella nuvola: il cloud

In quasi tutte le aziende, laboratori, scuole i computer son collegati tra di loro in rete, cioè sono connessi con dei cavi per permettere la comunicazione tra loro e la condivisione di risorse, come la stampante. In particolare i computer sono tutti collegato ad un computer centrale chiamato server.

È il computer che coordina le attività dei PC collegati, gli concede l'uso delle risorse in modo ordinato, insomma fa il servitore agli altri computer, mettendo a disposizione le sue potenzialità.

Tra le risorse hardware che il server mette al servizio degli altri computer è la sua memoria di massa. Si parla in questo caso di unità di rete.

I motivi possono essere molteplici:

1. mantenere i dati ingombranti in termine di memoria in un solo PC, in modo da non occupare la memoria degli altri;

2. evitare la duplicazione di dati tra i vari computer, per avere informazioni omogenee;

3. permettere la condivisione di programmi installati su una unica macchina, ecc.

Un fenomeno che sta prendendo sempre più piede è quello delle memorie online, o dischi virtuali. Una memoria on line è come in un magazzino, un hard disk virtuale, uno spazio di memoria in un sito internet che si apre solo se si possiede la password di accesso. Il nome cloud deriva del fatto che sembra di spedire i dati in un dispositivo che sta nell'aria. In realtà è solo un computer, o più computer, che si trova in un altro luogo.

Può essere utile sia come spazio per scambio di file tra utenti (chiaramente tutti in possesso della password), sia per avere una memoria sempre a disposizione, basta collegarsi alla rete, dovunque ci si trovi senza avere il proprio computer. Si può anche usare come sistema avanzato di backup per avere una copia dei propri dati immediatamente accessibile anche in caso di emergenza.

I segreti svelati in questo capitolo

. Le memorie, in linea generale, sono di tre tipi: elettriche, magnetiche, ottiche.

. Nelle memorie elettriche e magnetiche le informazioni sono memorizzate attraverso cariche positive e negative.

. Le memorie sono suddivise in due categorie: le memorie interne, presenti sulla scheda madre, e le memorie esterne, collegate alla scheda madre attraverso appositi connettori.

. La memoria RAM interagisce direttamente con il processore. È velocissima ma è volatile: quando si spegne il computer perde tutto il suo contenuto.

. La memoria hard disk, come le altre memorie esterne, interagisce con il processore attraverso la memoria RAM. è più lenta della memoria RAM ma è permanente: mantiene il suo contenuto anche quando il computer è spento.

. La memoria RAM contiene i dati e i programmi che sono in esecuzione. L'hard disk contiene tutti i dai e i programmi del computer.

. La memoria ROM (Read Only Memory) è una memoria interna, non modificabile, che contiene le informazioni necessarie al processore per accendere il computer e avviare il sistema operativo.

. La memoria Cache contiene i dati usati più frequentemente dalla CPU nella sessione di lavoro.

. La memoria hard disk è una memoria di tipo magnetico ed è la memoria di massa più importante del PC. Contiene, in modo permanente, tutti i dati e i programmi che il computer può usare.

. La formattazione prepara una memoria esterna a ricevere i dati specificando dove e come devono essere inseriti. La formattazione comporta una cancellazione definitiva del contenuto della memoria.

. Nei CD ROM, CD R, CD R/W, DVD si ha una memorizzazione di tipo ottico, non magnetico o elettrico. I CD ROM sono creati dal costruttore e non possono essere modificati. I CD R possono memorizzare informazioni, ma una sola volta. Con i CD R/W si può cancellare e modificare il contenuto più volte. I DVD sono simili ai CD ma hanno una capacità di memorizzazione maggiore.

. Una chiave USB è una memoria trasportabile di tipo elettrico che non si cancella se manca la corrente. Per questo motivo, e per il costo contenuto, è la memoria esterna più diffusa.

Esercizi

1. Se in computer aggiungo della memoria centrale su che tipo di memoria sto operando?

a) RAM
b) ROM
c) Cache
d) Hard disk

2. A cosa serve la formattazione di un disco:

a) Cancellare solo i documenti
b) Rimuovere i file temporanei
c) Cancellare tutto il disco e renderlo compatibile con il sistema operativo
d) Aumentare la capacità di memoria

3. Cosa non aumenta la prestazione di un PC:

a) Installare un lettore CD/DVD
b) Aumentare la RAM
c) Installare una CPU più veloce
d) Installare una scheda grafica più veloce

4. Quali di questi elementi non è memoria di massa?

a) Il disco rigido
b) La memoria video
c) Il CD-RW
d) La chiave USB

5. La ROM è:

a) Una memoria non volatile di dimensioni limitate, non cancellabile e non riscrivibile)
b) Il Read Out Method
c) Una memoria di lettura/scrittura
d) Una periferica d'uscita

6. La caratteristica principale della memoria secondaria è la possibilità di:

a) Memorizzare enormi archivi di dati
b) Accedere molto velocemente alle informazioni
c) Gestire le periferiche
d) Utilizzare linguaggi avanzati

7. La memoria di un calcolatore si divide in:

a) Superiore e inferiore
b) Di uscita e di ingresso
c) Centrale e secondaria
d) Applicativa e di sistema

8. Quale delle seguenti memorie è la più veloce il lettura/scrittura:

a) RAM.
b) Hard disk
c) CD ROM.
d) Floppy disk.

Soluzioni

1 a; 2 c; 3 a; 4 b; 5 a; 6 a; 7 c; 8 a.

6. LE PERIFERICHE

6.1. I tipi di periferiche: input, output, input/output

L'ultimo componente del modello di Von Neumann che costituisce il computer sono le unità periferiche o devices.

Le periferiche sono i dispositivi che, una volta collegati al PC attraverso le relative porte, permettono l'interazione tra l'uomo e il computer: quindi la tastiera, il monitor, il mouse, ecc.

In pratica le periferiche permettono di inviare le richieste al calcolatore ed ottenere dei risultati.

Per questo motivo vengono divise in due categorie:

1. **periferiche di input**. Permettono l'invio di dati, programmi, richieste al calcolatore: quindi tastiera, mouse, scanner, ecc.

2. **periferiche di output**. Permettono di visualizzare i risultati per le richieste effettuate. Quindi stampante, monitor, altoparlanti, ecc.

Poi ci sono le periferiche che permettono sia di inviare che ricevere dati: sono, appunto, le periferiche di input/output

6.2. La tastiera

La tastiera è la principale periferica di input attraverso la quale possiamo inserire qualunque informazione nel PC. La tastiera può essere incorporata nel computer (come nei portatili) o essere appunto una periferica.

Le tastiere si differenziano per la disposizione dei tasti che è legata al paese di utilizzo in quanto ogni nazione utilizza una propria lingua con un set di caratteri alfabetico diverso.
Si tende a ravvicinare lettere che spesso vanno insieme: in italiano la A si accompagna spesso con S, D, C. Ecco perché si trovano vicine.
Ma il posizionamento e il numero di tasti varia oltre che da Paese a Paese, anche in base al modello di computer. Ad esempio le tastiere per personal computer portatili hanno varie differenze da quelle per personal computer desktop in quanto limitate da spazi minori.

Nel caso di personal computer desktop il numero di tasti è circa 105.

Esistono vari schemi per tastiera alfanumerica. Il più comune è denominato QWERTY
Il nome **"QWERTY"** deriva dalla sequenza delle lettere dei primi sei tasti della riga superiore della tastiera, ma ne esistono anche altri come ad esempio il QZERTY nel caso della tastiera inglese Ci sono poi tastiere particolarissime, come la tastiera cinese con tantissimi caratteri.

È possibile suddividere i tasti della tastiera in diversi gruppi in base alla funzione:

1. Tasti di digitazione (alfanumerici). Questi tasti comprendono gli stessi tasti per lettere, numeri,

punteggiatura e simboli presenti su una macchina da scrivere tradizionale.

2. Di controllo. Questi tasti vengono utilizzati da soli o insieme ad altri tasti per eseguire determinate operazioni. I tasti di controllo utilizzati più di frequente sono CTRL, ALT, il tasto logo Windows ed ESC.

3. Tasti funzione. I tasti funzione vengono utilizzati per eseguire operazioni specifiche. Corrispondono ai tasti F1, F2, F3 e così via fino a F12. La funzionalità di questi tasti varia da un programma all'altro.

4. Tasti di spostamento. Questi tasti vengono utilizzati per spostarsi all'interno di documenti o pagine Web e per modificare il testo. Comprendono i tasti di direzione, HOME, FINE, PGSU, PGGIÙ, CANC e INS.

5. Tastierino numerico. Il tastierino numerico rappresenta un modo rapido e comodo per digitare i numeri. Se il tasto BLOC NUM è deselezionato i numeri non appaiono. I tasti sono raggruppati in un blocco simile a una calcolatrice tradizionale. Abbinando il tasto ALT con una sequenza del tastierino numerico si ottengono i caratteri ASCII.

Nella figura seguente puoi vedere la disposizione di questi tasti su una tastiera tipica. È possibile che tale disposizione nella tua tastiera sia diversa.

Tasti di controllo
Tasti funzione
Tasti di digitazione (alfanumerici)
Tasti di spostamento
Tastierino numerico
Indicatori di stato

6.3. Il mouse

Il mouse è un dispositivo in grado di lanciare un input ad un computer in modo tale che ad un suo movimento ne corrisponda uno analogo di un indicatore sullo schermo detto cursore.

È dotato di uno o più tasti ai quali sono assegnate varie funzioni: sono sempre presenti due tasti principali che sono indispensabili per utilizzare il computer e solitamente ci sono elementi aggiuntivi, ad esempio una rotellina che permette di scorrere velocemente le pagine.

Il tasto più importante è il sinistro con cui si può selezionare e trascinare le icone: con due clic si aprono le applicazioni. Il tasto destro permette di svolgere operazioni sui file come copia, incolla, visualizzare le proprietà, ecc.

I mouse possono essere divisi in tre tipologie:

1. **Mouse tradizionali**. Nel tipo di mouse più comune vi è una sfera (solitamente di gomma dura) che fa girare due rotelle forate disposte ortogonalmente tra loro. La direzione e la velocità di rotazione è misurata da sensori ad infrarossi e trasmessa al computer. In questi ultimi, tuttavia, la necessità di pulire la sfera ne compromette la praticità di utilizzo.

2. **Mouse ottici**. La tecnologia ottica si avvale di un sensore per tracciare il movimento del mouse. Il piccolo sensore ottico interno registra le immagini della superficie su cui viene spostato il mouse, le confronta rapidamente e traduce le differenze nel movimento del puntatore sullo schermo. Si ha maggiore velocità e precisione, un movimento estremamente fluido ed è utilizzabile su tutte le superfici.

3. **Mouse wireless**. Vi sono infine alcuni mouse, sia con la sfera, sia ottici, i quali però non sono collegati direttamente al computer. Infatti essi utilizzano i raggi infrarossi per trasmettere al pc le informazioni sulla posizione del cursore e sulla sua velocità. Sono quindi dei mouse senza filo.

La **trackball** è un dispositivo simile al mouse in cui il movimento del cursore è legato al movimento di una sfera; fisicamente è un mouse girato con la "pancia" verso l'alto.

Il **touchpad**, presente in tutti i pc portatili, è il tappetino fisso che si trova sotto la tastiera del computer.

Viene utilizzato per spostare il cursore captando il movimento del dito dell'utente sulla sua superficie liscia; sostituisce completamente il mouse ed ha il vantaggio del minore ingombro.

Il **joystick** è una periferica che trasforma i movimenti di una leva manovrata dall'utente in una serie di segnali elettrici o elettronici che permettono di controllare un programma, un'apparecchiatura o un attuatore meccanico.

L'impiego più diffuso e conosciuto del joystick è su console o computer e permette di muovere un personaggio o un cursore in un gioco: in questo caso il joystick è dotato di uno o più tasti o pulsanti a cui corrispondono azioni diverse.

6.4. Il monitor

Il monitor, o video, è una periferica d'uscita, un dispositivo che consentono di ottenere i risultati delle elaborazioni effettuate dal calcolatore.
È una periferica fondamentale ed è indispensabile per il funzionamento dell'intero calcolatore. I dati vengono forniti all'utente in forma di immagini visualizzate su di uno schermo televisivo.

Le caratteristiche fondamentali di un monitor sono:

1. *la dimensione (15, 17, 21 pollici)*;
2. *la risoluzione (800 × 600, 1024 × 768, 1080 × 1024)*;
3. *la frequenza di refresh (85-150 Hz)*;
4. *la precisione*.

La dimensione di un monitor è la lunghezza della diagonale dello schermo. È tradizionalmente misurata in pollici. Un pollice è pari a 2,54 cm, quindi in un monitor da 17" la diagonale misura circa 43 cm. Le dimensioni di un monitor variano dai 10 pollici, per i netbook, fino ai 22 per scopi grafici, anche se esistono schermi con dimensioni inferiori o superiori.

Di solito lo schermo del monitor è rettangolare e può avere un rapporto pari a 4:3 tra larghezza e altezza (formato quattro terzi), oppure 16:9 (formato sedici noni come lo schermo del cinema).

Come viene generata l'immagine sul monitor?
Un monitor è formato da una griglia di punti illuminabili, minuscoli granellini di fosforo, chiamati pixel (da picture elements, elementi di immagine).

Il numero dei pixel sullo schermo definisce la risoluzione del monitor. Quindi un monitor con risoluzione 1024 × 768 ha 1024 pixel in lunghezza e 768 in altezza.

Il principio di funzionamento di un monitor per computer è analogo a quello di un televisore: un fascio luminoso, un fascio di elettroni, colpisce la superficie interna dello schermo. I fosfori così colpiti si illuminano e diventano fosforescenti in modo da creare l'immagine.
Per creare delle immagini in bianco e nero basta un solo fascio luminoso.
Per creare delle immagini a colori ci sono tre fasci colorati uno verde, uno rosso e blu. Componendo insieme questi tre colori con diversa intensità si ottiene la sfumatura di colore. Quindi ciascuno dei pixel che compongono l'immagine può assumere diversi colori. Maggiore sarà il numero di colori usati, maggiore sarà la qualità dell'immagine.

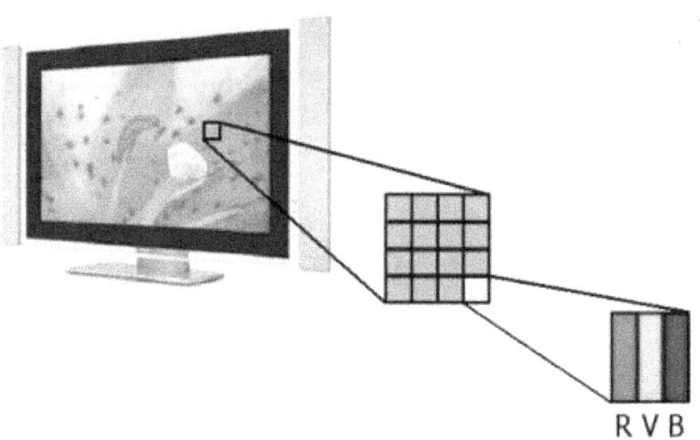

Quando viene colpito il fosforo emette luce per una frazione di secondo, quindi per mantenere visibile l'immagine, il pennello elettronico deve riattivare continuamente i fosfori. Praticamente, il pennello percorre tutta la superficie dello

schermo, riga per riga, a partire dall'angolo superiore sinistro fino all'angolo inferiore destro.
La frequenza a cui il pennello compie questa operazione viene denominata frequenza di refresh.

In un monitor di buona qualità la frequenza dovrebbe superare i 60 Hz. I monitor con frequenza più bassa hanno una immagine tremolante sui lati, l'effetto sfarfallio.

L'ultimo parametro è la precisione (o dot pitch): è la distanza tra due pixel in millimetri: tanto è più piccola migliore è la qualità dell'immagine. Questo indice varia da 0.24 mm (migliore) a 0.38 (peggiore).

6.5. La stampante

Le stampanti consentono di trasferire su carta i risultati delle elaborazioni per poi poterli utilizzare come strumenti di verifica o di memorizzazione. Esistono essenzialmente due tipi di stampanti che si distinguono per la loro tecnica di trasferimento su carta:

1. Stampanti a getto d'inchiostro
2. Stampanti laser

C'erano anche le stampanti ad aghi ma ormai sono completamente scomparse.

Per le stampanti a getto d'inchiostro (ink jet), l'inchiostro viene sparato attraverso una serie di fori calibrati sulla carta per ottenere le forme desiderate.

Quindi, c'è una testina di stampa che scorre lungo il foglio e, come una pistola ad acqua, spruzza sul foglio microscopiche gocce d'inchiostro, come gli omini nella figura.

Per queste stampanti bisogna fare attenzione all'uscita del foglio che l'inchiostro sia ben asciutto.

Inoltre, per le stampe di foto si deve usare una carta speciale altrimenti la carta risulta troppo imbevuta di inchiostro.

Il funzionamento di una stampante laser è simile a quello di una fotocopiatrice solo che l'immagine da riprodurre viene fornita direttamente dall'elaboratore.

Per la stampa viene utilizzato un inchiostro in polvere, molto fine, detto toner.

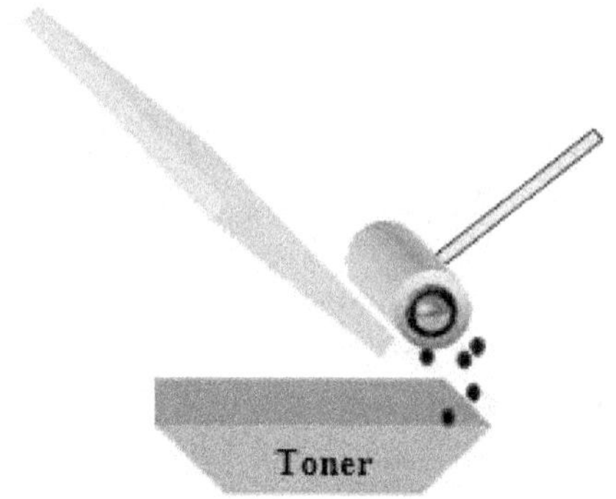

Una stampante laser opera in questo modo: la pagina da riprodurre viene "scritta" da un raggio laser su un cilindro che ha la circonferenza di base grande come il foglio.

Il cilindro viene quindi scaldato solo in corrispondenza delle lettere: il calore attira le particelle di toner che si attaccano sul cilindro nei punti riscaldati.

A questo punto basta far passare il foglio di carta sotto il rullo e si ottiene la pagina stampata.

In questo modo si ottiene una stampa di qualità ottima perché il carattere è scritto in modo preciso dal laser. Inoltre si stampa una pagina alla volta, non un carattere, quindi la stampa è più veloce.

Non si hanno rischi di sbavatura dell'inchiostro o che l'inchiostro diventi secco, come nelle stampanti a getto, dato che l'inchiostro è in polvere.

Quindi si ha:

1. Qualità di stampa ottima, normalmente 600 dpi (punti per pollice).

2. Velocità di stampa elevata.

3. Costo del dispositivo, costo manutenzione, costo per copia un po' più alto delle ink jet anche se i prezzi sono continuamente in calo.

Un ultimo tipo di stampante, normalmente utilizzato per disegno tecnico o meccanico, è il plotter che produce disegni di elevata qualità e di grandissime dimensioni utilizzando degli appositi pennini colorati.

I plotter possono fornire disegni fino alla dimensione di un foglio A0 e servono per stampare progetti su grandi formati o cartelloni.

Vi sono inoltre dei plotter in cui la testina lancia-inchiostro o la penna sono sostituiti da strumenti quali lame o punte laser; tali plotter sono detti da taglio e consentono di sezionare, sotto il controllo del computer, superfici più consistenti della carta, dal semplice cartoncino alle lastre d'acciaio.

L'evoluzione delle stampanti classiche sono le stampanti 3D, dispositivi in grado di realizzare qualsiasi modello tridimensionale mediante un processo di produzione additiva, ovvero partendo da un oggetto disegnato tramite software di modellazione 3D e replicandolo, sovrapponendo in maniera ordinata, uno sopra l'altro, degli strati di polimeri condensati.

6.6. I monitor touch

Esistono anche particolari monitor detti touch screen, o schermi tattili, che consentono di interagire con l'elaboratore semplicemente toccando lo schermo con le mani o con uno stilo.

Ad esempio i dispositivi automatici di emissione di biglietti per i treni, la consolle Nintendo, gli smart phone come l'I-phone della Apple.

I segreti svelati in questo capitolo

. Le periferiche sono i dispositivi che permettono l'interazione tra l'uomo e il computer. Possono essere di input, di output, di input/output.

. La tastiera è il dispositivo di input più conosciuto. Oltre ai tasti per la scrittura delle lettere, come quelli della macchina da scrivere, ci sono numerosi altri tasti per operazioni specifiche da fare al computer.

. Il mouse è l'altro dispositivo di input più importante. Simili al mouse sono la trackball, il touchpad, il joystick.

. Il monitor è una tra le più importanti periferiche di output, assieme alla stampante. Le caratteristiche principali di un monitor sono: la dimensione, la risoluzione, la frequenza di refresh, la precisione.

. L'immagine sul monitor è composta da tantissimi puntini illuminabili detti pixel.

. Le stampanti sono il secondo dispositivo di output più importante. Ci sono due tipologie principali: a getto d'inchiostro e laser. Le stampanti laser sono migliori per qualità ma hanno un costo superiore.

Esercizi

1. Quale delle seguenti affermazioni è corretta?

a) Il monitor touch screen e il modem sono periferiche di input/output
b) Lo scanner è una periferica di output
c) La stampante è una periferica di input
d) Il plotter è una periferica di input

2. Qual è il dispositivo cui deve essere comunemente collegato un computer affinché possa scambiare informazioni con altri computer presenti nella rete Internet?

a) Modem
b) Monitor
c) Stampante
d) Scanner

3. Una trackball è:

a) Un dispositivo simile al mouse.
b) Un dispositivo usato solo nelle reti.
c) Il canale trasmissivo con cui colloquiano le componenti di un elaboratore.
d) Una periferica d'uscita.

4. Qual è l'unita di misura generalmente usata per descrivere la velocità di un modem?

a) KHz
b) Byte
c) bit

d) bit/sec

5. Uno scanner serve per:

a) Convertire segnali digitali in analogici e viceversa
b) Acquisire immagini
c) Stampare immagini molto definite
d) Interpretare il linguaggio HTML

6. Indica la periferica che non è un dispositivo di uscita:

a) Scanner
b) Monitor
c) Plotter
d) Stampante

7. Quale tra i seguenti non è un dispositivo d'ingresso?

a) Mouse.
b) Stampante.
c) Trackball.
d) Tastiera.

8. Il modem:

a) Serve per acquisire immagini.
b) Consente di collegare il computer alla linea telefonica.
c) Può essere usato solo in un sistema multiutente.
d) È una parte del sistema operativo.

Soluzioni

1 a; 2 a; 3 a; 4 d; 5 b; 6 a; 7 a; 8 b.

7. ACCENDI E SPEGNI

7.1. Come farlo correttamente

Cominciamo dalla prima operazione che si deve fare per poter lavorare con un calcolatore, cioè accenderlo.

Come per ogni apparecchiatura elettronica, che sia una lavatrice, un frullatore, un televisore, ecc. il computer si accende premendo il suo pulsante di accensione. Di solito il pulsante è posizionato sulla parte frontale del cabinet. Anche il video ha un suo pulsante di accensione. Non ha importanza se prima viene acceso il computer o il video; importante che siano accesi tutti e due.

A questo punto il sistema operativo inizia la fase di "caricamento": viene analizzata la configurazione hardware e software del PC, vengono eseguite delle istruzioni di configurazione e/o controllo, ecc. In pratica. Le istruzioni presenti in ROM e altre istruzioni di base.

Se la fase di caricamento iniziale è andata a buon fine appare la schermata iniziale di Windows, cioè il Desktop, descritto nel capitolo successivo.

Nota. Molto spesso, soprattutto in ambito lavorativo o se si utilizza un computer collegato ad una rete, appare la richiesta di inserimento del nome utente e di una password.

L'autenticazione tramite nome utente e password è ormai molto diffusa nell'ambiente delle reti e di internet: per accedere alla propria postazione di lavoro in una rete aziendale o addirittura al proprio pc, per accedere alla posta elettronica in remoto, per le operazioni di home banking, per accedere a servizi di messaggistica istantanea, ecc. è sempre necessaria l'autenticazione.

Il motivo è ovvio. Il sistema a cui si vuole accedere deve essere sicuro che l'utente è proprio quello che ne ha il diritto. Se per il nome utente non ci sono raccomandazioni particolari, può essere un nome di fantasia, semplice da ricordare, la password deve essere scelta in modo oculato, non deve essere comunicata ad altre persone e in casi di dati riservati o importanti, deve essere cambiata con regolarità.

Per spegnere il computer porta la freccia del mouse sul pulsante Start nella barra delle applicazioni e fate un clic con il tasto sinistro. Seleziona l'icona Arresta.

Ci sono tre possibilità:

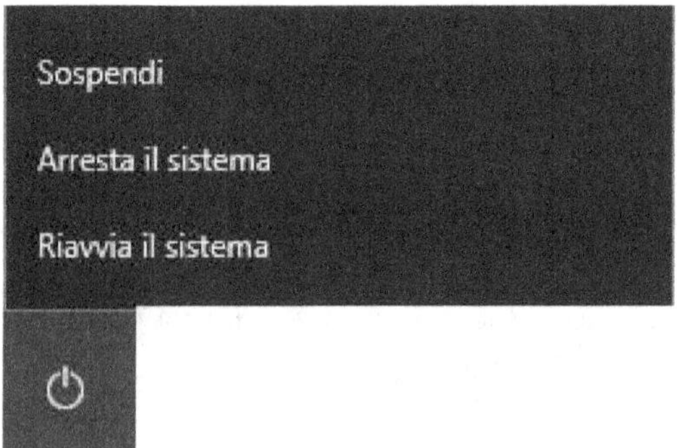

Arresta il sistema: seleziona questa voce per spegnere il computer. Windows chiede di chiudere tutti i processi (programmi, documenti…) ancora aperti e si predispone per lo spegnimento. È il comando usato più di frequente.

Riavvia il sistema: in questo caso il computer si spegne e si riavvia subito. Windows si comporta come nel caso precedente, ma il computer viene automaticamente riavviato e si ritorna, al termine del processo di caricamento di Windows, alla videata iniziale. Questo comando si utilizza, di solito, quando hai il "blocco" di qualche programma. Si riavvia Windows per chiudere (bruscamente) il programma bloccato e poter iniziare un'altra sessione di lavoro.

Sospendi: questo comando permette di sospendere l'utilizzo del computer lasciandolo in una modalità di basso consumo. Per riprendere l'attività fai un clic sul pulsante di accensione del calcolatore.

7.2. Niente paura: Togliersi i primi timori

Non farti impressionare dalla quantità di voci e comandi che
ti appaiono quando usi per la prima volta il computer.
In particolare, se fai un clic sul pulsante Start, appaiono una
miriade di comandi.

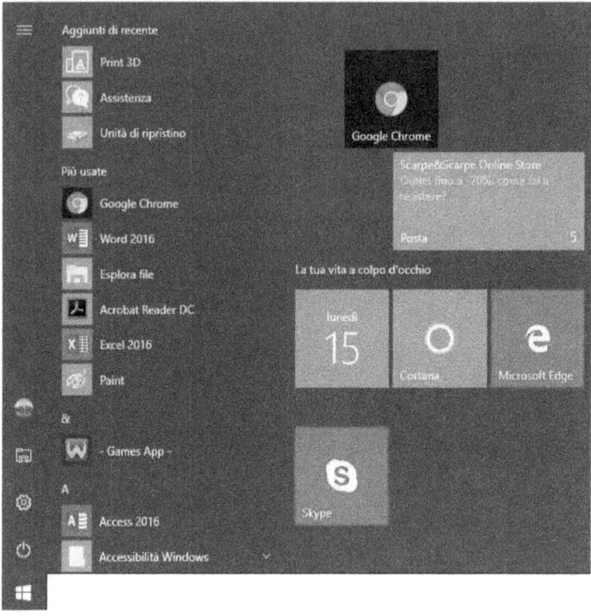

Vedrai che buona parte di questi non li userai mai. Windows
vuole offrire una vasta gamma di comandi per poter
soddisfare qualunque utente: per questo trovi tante
possibilità, anche quelle che non ti interesseranno mai.

I segreti svelati in questo capitolo

. Il software di un computer è l'insieme dei dati e dei programmi presenti nel computer.

. Per accendere un computer basta premere il pulsante di accensione della macchina e, eventualmente del video. Il sistema operativo, Windows, effettua i suoi controlli iniziali per essere pronto al lavoro.

. Per spegnere il computer usa il pulsante Arresta, che si trova nella parte sinistra della Barra delle applicazioni: avrai la possibilità di spegnere, di riavviare e di sospendere il lavoro.

Domande

1. Per spegnere il computer in modo corretto:

a) Fai clic sul pulsante Arresta.
b) Fai clic sul pulsante Spegni.
c) Fai clic sul pulsante Interrompi.
d) Premi il pulsante di spegnimento sul computer.

2. Quale di queste voci non appare quando fai clic sul pulsante Arresta?

a) Sospendi.
b) Arresta il sistema.
c) Riavvia il sistema.
d) Interrompi il sistema.

Soluzioni

1 a; 2 d.

Esercizio

Fai questi passaggi:

1) Accendi il computer.
2) Apri il programma Blocco note.
3) Scrivi qualcosa.
4) Esci dal programma Blocco note senza salvare.
5) Spegni il computer.

Soluzione

1) Per accendere il computer, premi il pulsante di accensione e attendi che Windows sia pronto.

2) Fai clic sul pulsante Start, seleziona Accessori e Blocco note.

3) Nella finestra del Blocco note scrivi una frase a tuo piacere.

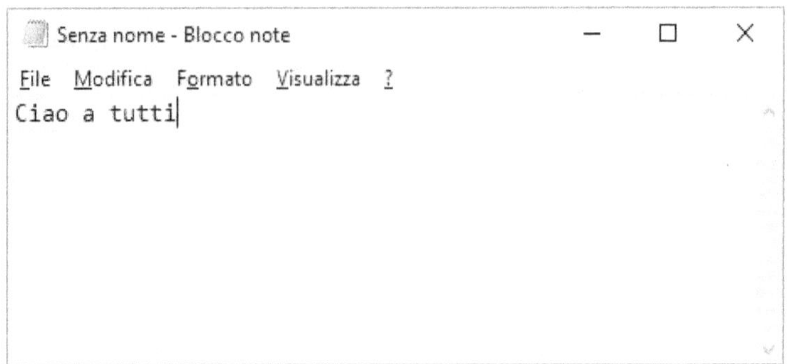

4) Dal menu File scegli la voce Esci o fai un clic sul pulsante di chiusura (×)

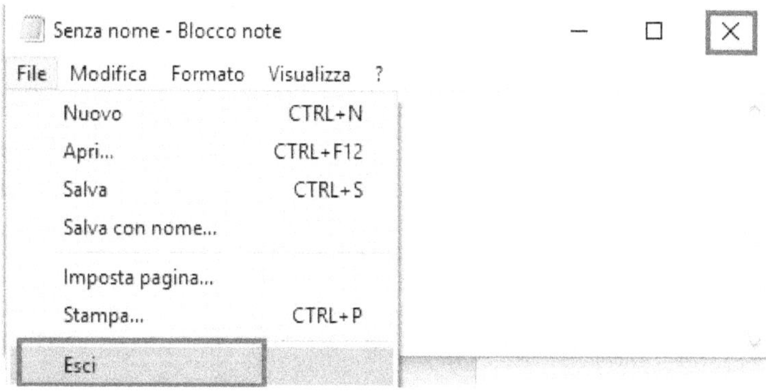

5) Nella finestra che appare fai clic su Non salvare.

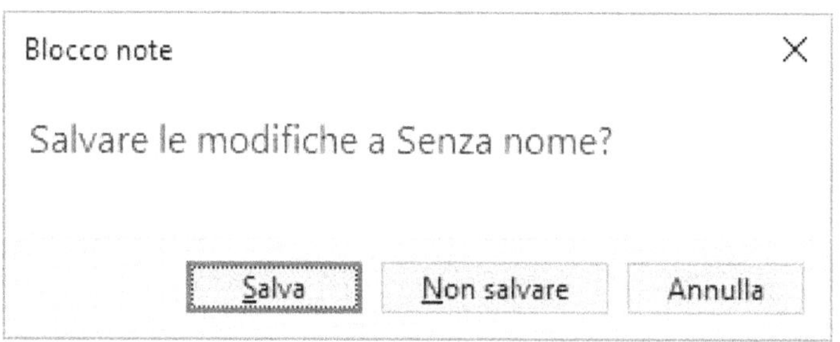

Attendi che il programma Blocco note si chiuda. Fai clic sul pulsante Start e Arresta.

8. TI PRESENTO IL PC

8.1. Terminologia: desktop, icone e tutto il resto

Al termine dell'avvio di Windows l'immagine che ti appare sullo schermo dovrebbe avere uno aspetto simile a quello in figura.

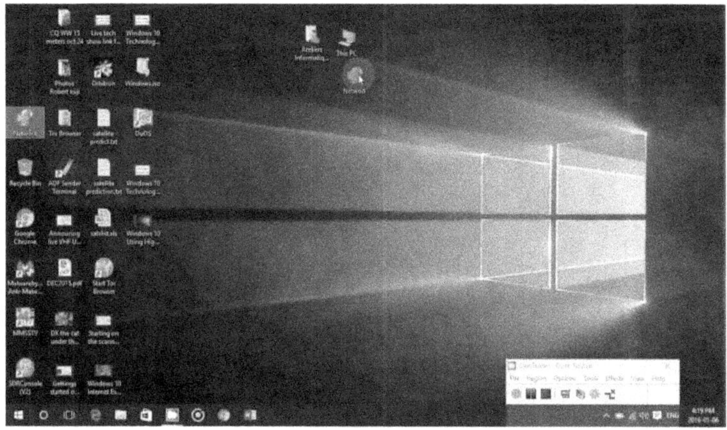

La videata iniziale potrebbe avere l'aspetto della figura: l'immagine di sfondo del tuo video può essere diversa da quella in figura e le figure che appaiono sullo sfondo potrebbero essere di più o di meno o diverse. Infatti, nel sistema operativo Windows lo sfondo dello schermo viene immaginato come una "scrivania", dove ognuno può "appoggiare" ed "ordinare" gli oggetti che preferisce e "colorarlo" come preferisce.

In ogni caso ci sono degli elementi comuni a qualunque videata iniziale, rappresentati in figura.

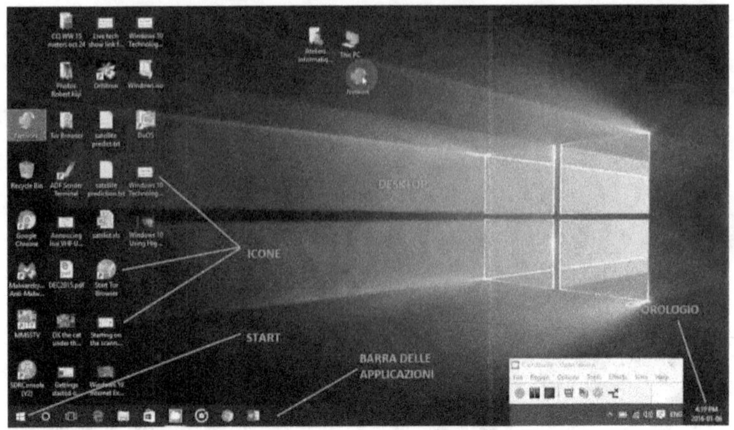

Innanzitutto, un elemento comune a tutte le videate iniziali è lo sfondo dello schermo, chiamato **Desktop o Scrivania**.

Come accennato in precedenza, Il Desktop di Windows tende a rappresentare sul video una classica scrivania da lavoro, dove è quindi possibile appoggiare gli oggetti con cui si opera nel nostro lavoro.

Gli oggetti "appoggiati" sul Desktop si dicono Icone. Le icone sono delle "rappresentazioni" grafiche di programmi e documenti presenti nel PC. Con due clic su queste immagini si avvia un programma o si "apre" il documento rappresentato (come verrà descritto più avanti): si può paragonare l'icona al pulsante di un ascensore che, una volta "cliccato", ci fa giungere al piano desiderato (quindi al documento o al programma).

Altri due elementi che dovrebbero essere presenti nel Desktop sono:

Barra delle applicazioni: nella barra delle applicazioni sono elencati i programmi o le finestre che stiamo utilizzando.

Pulsante di Start (Start): attraverso questo pulsante puoi accedere ai programmi presenti nel calcolatore, all'impostazioni del calcolatore, ai documenti più recentemente usati, ecc. In particolare con questo pulsante è possibile spegnere il calcolatore.

Le altre eventuali icone presenti possono, ad esempio, rappresentare i programmi che utilizziamo (ad esempio Internet, Word, ecc.), oppure le risorse disponibili in rete (**Risorse di rete**), o particolari cartelle (le cartelle saranno descritte successivamente).

8.2. Un giretto nel PC

Una volta individuati gli elementi comuni, vediamo delle prime operazioni che si possono compiere su essi. In questo modo si può acquisire un po' di familiarità con il calcolatore e in particolare, con un dispositivo di input fondamentale: il mouse.

Il mouse può avere due o tre pulsanti. Normalmente il pulsante da utilizzare è il sinistro. Quindi, se non si specifica diversamente, il tasto del mouse che si deve premere è il sinistro.

 Una prima operazione che puoi fare con il mouse consiste nello spostare le icone sul Desktop in posizioni differenti.

Per muovere un'icona:

. porta la freccia del mouse sull'icona da trascinare: è meglio posizionarsi sull'immagine piuttosto che sulla scritta sottostante;

. clicca e tieni premuto il tasto sinistro del mouse sopra l'icona (se l'icona è stata "centrata" vien riquadrata). In figura sono rappresentate rispettivamente una icona non selezionata ed una selezionata;

documenti
igiene dentale

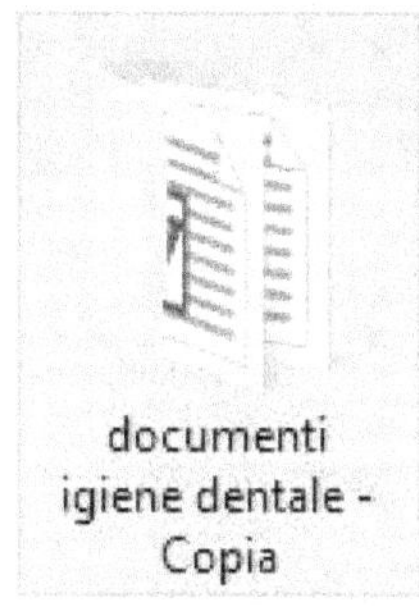

documenti
igiene dentale -
Copia

. muovi il mouse (e quindi anche l'icona) lungo lo schermo.

A seconda di come è impostato il Desktop, hai due possibili risultati: le icone si muovono in una qualunque posizione dello schermo.
È possibile muovere le icone solo in linea verticale.
In ogni caso le icone sono state spostate dalla loro posizione originaria. Questi due possibili risultati dipendono, come accennato, dalle impostazioni del Desktop. Infatti, il Desktop, come quasi tutti gli elementi di Windows, ha delle impostazioni che specificano il suo aspetto e il suo comportamento. Per visualizzare le impostazioni del Desktop (come per ogni altro elemento di Windows) usa il tasto destro del mouse.

Posiziona il mouse in un punto del Desktop dove non siano presenti delle icone o la barra delle applicazioni;
Premi il tasto destro del mouse.
Appare il menu in figura.

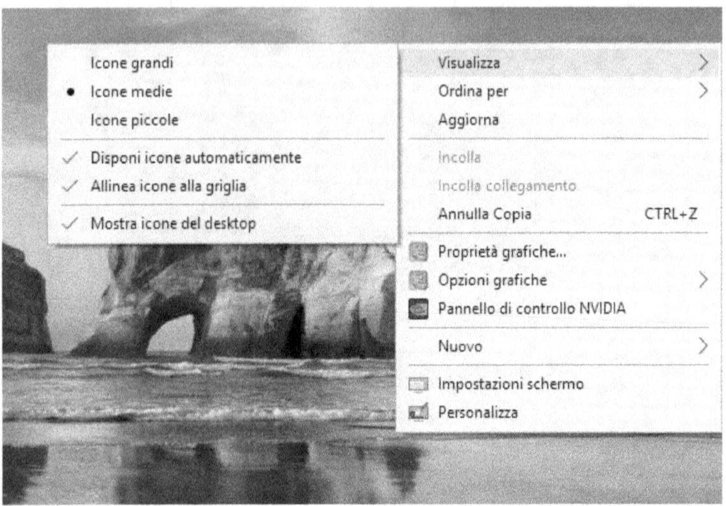

Seleziona la voce Visualizza, portando la freccia del mouse su questa frase. Appare il relativo sottomenu. Da questo menu si può vedere che le icone sul Desktop possono essere apparire più grandi o più piccole.

La voce che permette di spostare le icone liberamente nel Desktop, o che viceversa le tiene vincolate in una disposizione a colonna è Disponi icone automaticamente. Questa voce è attiva quando sulla sua sinistra appare un segno di spunta (✓).

Se non compare il segno di spunta (✓) significa che la disposizione automatica è disattivata e quindi le icone possono disporsi liberamente nel Desktop.

Per attivare o disattivare la disposizione automatica basta fare un clic con il tasto sinistro del mouse su questa voce. Questo comando attiva o disattiva la disposizione automatica, come quando si preme un interruttore che passa da accesso a spento e viceversa.

Puoi vedere i programmi presenti nel tuo computer con il pulsante Start, quello che hai usato per spegnere il computer.

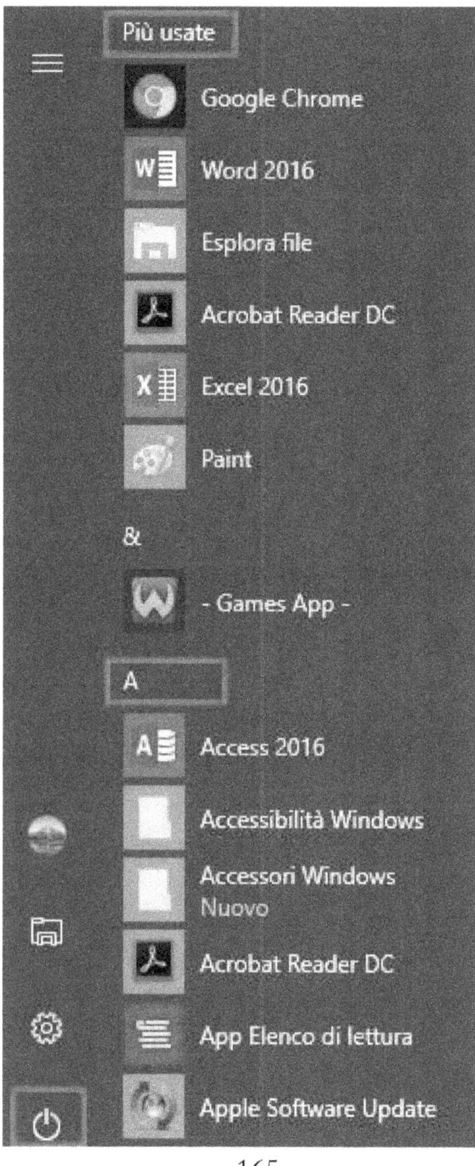

Appaiono i programmi più utilizzati e il loro elenco, in ordine alfabetico.

I segreti svelati in questo capitolo

. Le icone sono una rappresentazione dei documenti e dei programmi che si trovano nel computer.

. Il Desktop è la videata iniziale che appare dopo l'avvio di Windows. Nel Desktop sono presenti le icone dei documenti e dei programmi utilizzati con più frequenza.

. Una icona selezionata appare riquadrata. Possono rimanere incolonnate o essere spostate liberamente sul Desktop a seconda se la voce Visualizza\Disponi icone automaticamente è attivata o meno.

. Puoi vedere tutti i programmi presenti nel tuo computer con il pulsante Start. Appaiono elencati in ordine alfabetico.

Domande

1. Per visualizzare i programmi presenti nel computer:

a) Fai clic sulla Barra delle applicazioni.
b) Fai clic sul pulsante Start.
c) Fai clic sul Desktop.
d) Fai clic sull'orologio in basso a destra.

2. Si possono spostare liberamente le icone sul Desktop?

a) Sì, sempre.
b) No, mai.
c) Solo se l'opzione Disponi icone automaticamente è attivata.
d) Solo se l'opzione Disponi icone automaticamente è disattivata.

Soluzioni

1 b; 2 d.

Esercizio

Prova a trascinare le icone nelle due modalità possibili: con la disposizione automatica attiva e disattiva.

9. I PROGRAMMI

9.1. Cosa sono e a cosa servono

I programmi sono quegli elementi software che possono essere eseguiti al computer. Il primo programma che incontri è Windows, il sistema operativo, il programma che ti fa interagire con le componenti hardware del tuo computer e con gli altri programmi. È detto il software di base per queste sue caratteristiche.

Esistono un'infinità di altri programmi, specifici per le diverse esigenze degli utilizzatori: programmi per scrivere, per calcolare, per disegnare, per giocare, per archiviare dati, ecc. Sono chiamati programmi applicativo perché sono li puoi applicare allo specifico compito che devi svolgere.

9.2. I magnifici 7 e molto altro

Esistono migliaia di programmi. Quali sono i più importanti, quelli che non possono mancare nel tuo computer?

Secondo me, questi sono quelli necessari:

1) Un programma per scrivere testi. È chiamato programma di video scrittura. Hai già visto che esiste il programma WordPad.

2) Un programma per svolgere calcoli.

3) Un programma per disegnare. Con Windows hai il programma Paint.

4) Un programma antivirus.

5) Un programma per utilizzare Internet.

6) Un programma per sistemare le foto.

7) Un programma per vedere filmati.

Come dicevo prima, esistono migliaia di programmi. Se hai esigenze particolari, sicuramente esiste il programma che fa al caso tuo. Chiaramente questo manuale non può illustrare tutti i programmi esistenti, ci limitiamo a quelli utilizzati più comunemente. Nel caso di richieste specifiche, ti consiglio di rivolgerti a un rivenditore di tua fiducia.

9.3. Cosa serve davvero e cosa viene dopo

I programmi elencati sono quelli che, a mio parere, ci devono essere in ogni computer. Nel tuo computer potresti trovarne altri, ad esempio giochi. Li potrai trovare utili o meno a seconda dei tuoi gusti. In questo testo vedremo di imparare i comandi importanti dei programmi indispensabili. Con la pratica, potrai conoscere anche gli altri da solo.

I segreti svelati in questo capitolo

. I programmi sono tutto il software che puoi far eseguire al computer.

. Esiste una varietà innumerevole di programmi, ognuno per la specifica esigenza. Alcuni sono indispensabili, altri si possono installare a seconda della necessità.

Domande

1. Il programma fornito con Windows per scrivere testi si chiama:

a) Word.
b) WordPad.
c) Writer.
d) Writing.

2. Il programma fornito con Windows per disegnare si chiama:

a) Painting.
b) Photoshop.
c) Gimp.
d) Paint.

Soluzioni

1 b; 2 d.

10. DIAMOCI DA FARE

10.1. Le cartelle e la gestione dei file

Dopo aver descritto gli aspetti fondamentali di Windows, in questo capitolo iniziamo a creare dei nostri elementi di Windows: in particolare le cartelle.

Le Cartelle, dette anche directory, sono dei "contenitori" utilizzati per gestire i file memorizzati nelle unità di memoria in modo ordinato. Ad esempio si può creare una cartella chiamata "lavoro" per contenere i file che riguardano il lavoro, una cartella chiamata "lettere" per contenere la corrispondenza: la cartella lettere potrebbe contenere a sua volta altre cartelle (dette sottocartelle) ad esempio una chiamata "commerciali" per le lettere commerciali, una chiamata "personali" per le lettere personali, ecc.

La memorizzazione dei file nelle memorie del computer è indipendente dalla presenza di cartelle. Queste hanno lo scopo di permettere una gestione razionale ed organizzata dei file. Si può paragonare una memoria (ad esempio l'Hard disk) come un armadio. Per inserire degli indumenti in un armadio non è necessaria la presenza degli scaffali: gli abiti possono essere appoggiati nell'armadio uno sopra l'altro. Ma in questo modo, la ricerca di un particolare indumento diventa problematica: devo prima togliere tutti gli indumenti che coprono quello cercato. Invece posso organizzare il mio armadio in scaffali, ad esempio uno scaffale per i vestiti invernali ed uno per i vestiti estivi. A sua volta lo scaffale invernale può essere suddiviso in altri scaffali (pantaloni, maglioni, camicie, ecc.). Con questa organizzazione la ricerca di un particolare capo d'abbigliamento risulterà facilitata.

L'uso delle cartelle ha quindi lo stesso scopo dell'uso scaffali per un armadio. Un altro paragone si può fare tra le cartelle e le stanze di una casa: anche in questo caso si ha una suddivisione della casa in stanze per mantenere ordine ed organizzazione dello spazio.

Le cartelle si creano normalmente nelle unità di memoria quindi nell'Hard disk, nelle chiavi USB, schede di memoria, ecc.: la modalità è identica per tutti i casi.
Per creare una cartella, dal pulsante Start scegli Esplora file.

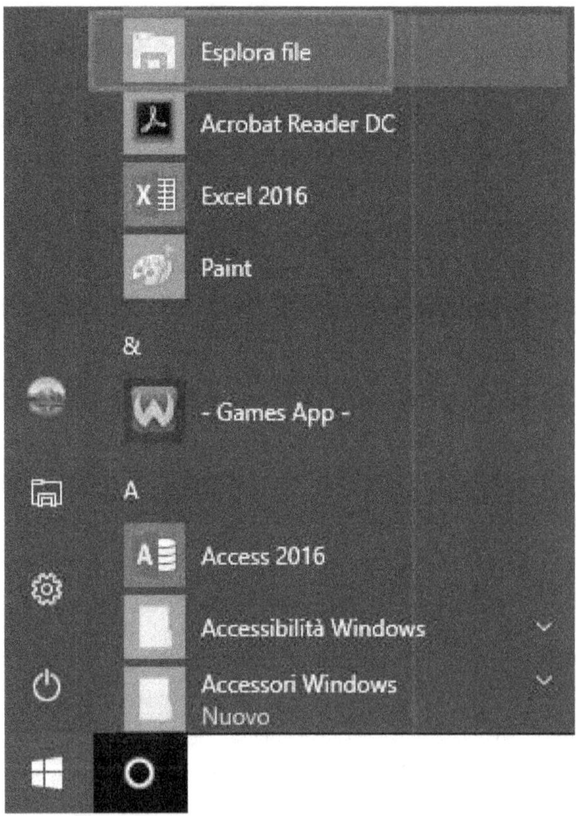

Scegli una delle unità di memoria, ad esempio l'unità C, l'Hard disk.

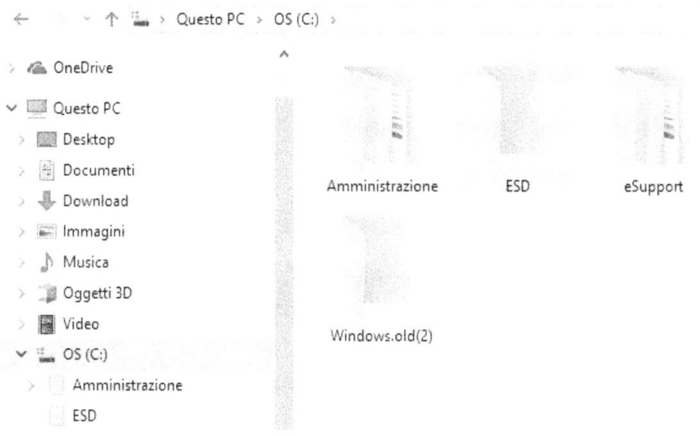

Nella finestra del disco locale, la parte destra della videata, fai un clic con il tasto destro. Nel menu che appare scegli la voce Nuovo e poi Cartella, come in figura.

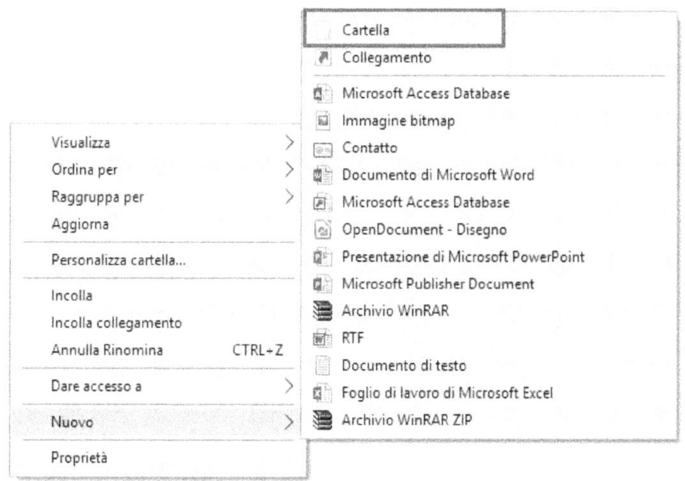

Se non hai fatto qualche clic nella finestra, la cartella dovrebbe apparire come nella figura precedente, cioè con un rettangolo intorno al nome "nuova cartella" (evidenziato) e con la barra lampeggiante all'interno.

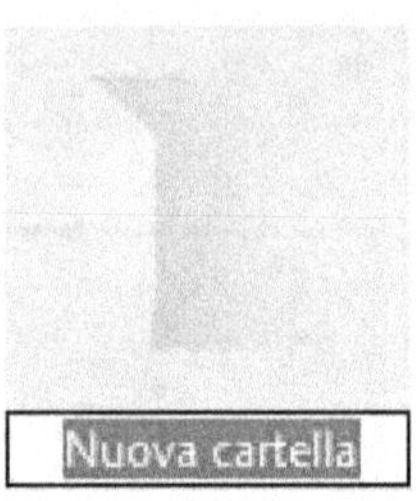

Se non ti trovi in questa situazione, vai al paragrafo relativo a come rinominare una cartella. Puoi adesso scrivere il nome da assegnare alla cartella, ad esempio "spese" supponendo che questa cartella conterrà documenti inerenti alle tue spese: conviene assegnare nomi significativi per le cartelle (e i file) per renderne più semplice il recupero e l'organizzazione.

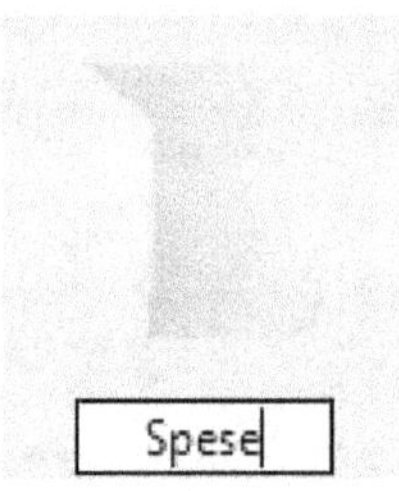

Per confermare il nome premi il tasto "Invio" della tastiera, o fai un clic con il tasto sinistro del mouse su un punto "neutro", senza cartelle o file, della finestra.

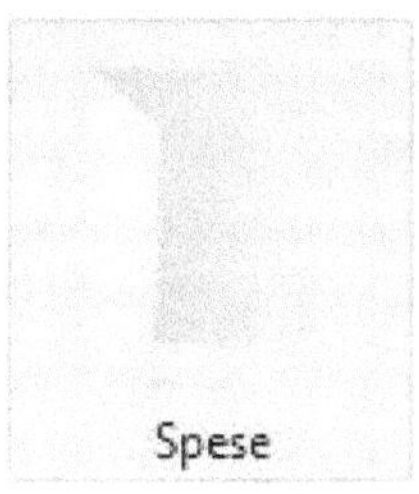

Con un (ulteriore) clic su un punto "neutro" della finestra, la cartella non è più evidenziata ed ha lo stesso colore di quelle già presenti (di solito giallo).

Quando si crea una cartella può capitare di sbagliare il nome, oppure di cliccare su qualche punto con il mouse e quindi confermare il nome standard "Nuova cartella".

In questi casi puoi rinominare la cartella. Ad esempio rinominiamo la cartella "Spese" appena creata (o la cartella "Nuova cartella" se non eri riuscito ad assegnare il nome) con il nuovo nome "mie spese". Fai un clic del tasto destro del mouse sulla cartella Spese.

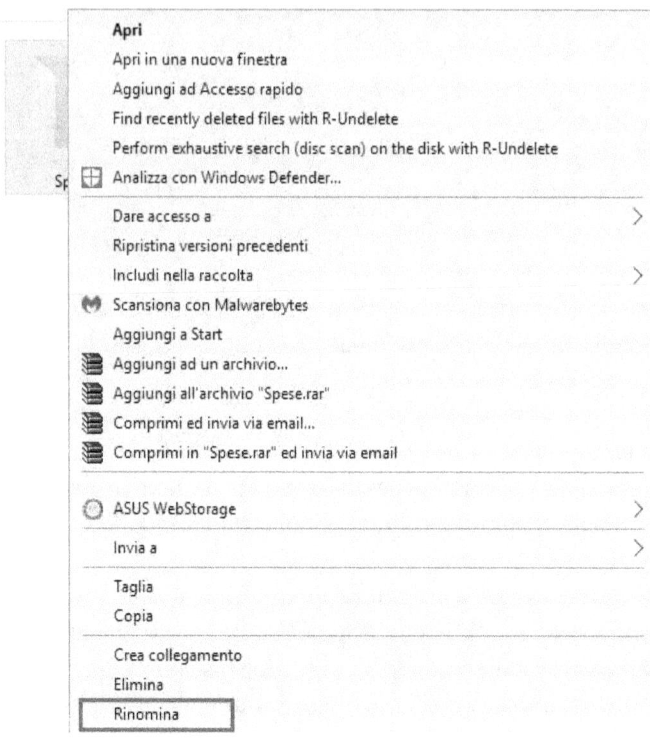

Nel menu scegli la voce Rinomina.

Dovresti ottenere la situazione vista in precedenza, cioè pronti a sovrascrivere il nome "vecchio" con il nome "mie spese". Per confermare il nome segui gli stessi passaggi descritti nel paragrafo precedente.

Per creare ulteriori cartelle i passaggi sono gli stessi descritti in precedenza. Distingueremo due casi:

• creare cartelle tutte allo stesso livello (cartelle tra loro "sorelle"):
• creare cartelle dentro altre cartelle (cartelle "figlie" della cartella "madre" che le contiene).

Per creare delle cartelle allo stesso livello ripeti il comando Nuova cartella sempre nella stessa finestra, senza selezionare alcuna cartella o file. Ad esempio nella finestra dell'Hard disk (e quindi allo stesso livello della cartella mie spese) crea un'altra cartella chiamata "Mie entrate", "sorella" della cartella Mie spese.

Fai un clic con il tasto destro del mouse in un punto libero della finestra, scegli la voce Nuovo e poi Cartella.
Appare la cartella che ha come nome iniziale "Nuova cartella". Dai alla cartella il nome "mie entrate" sovrascrivendo il nome Nuova cartella, con i passaggi descritti in precedenza.

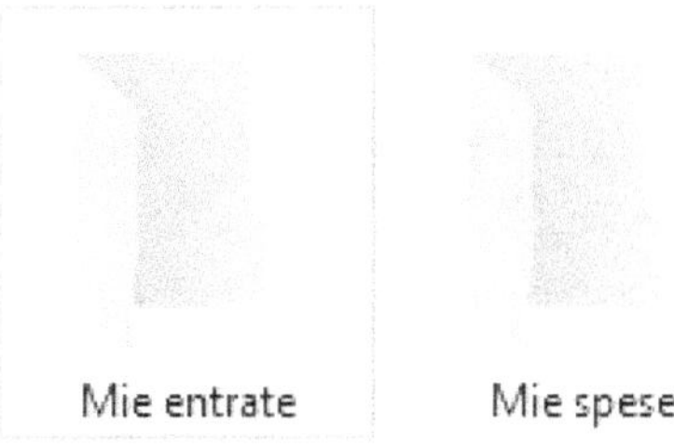

Proviamo ora a creare due cartelle, "spese personali" e "spese fatturabili", all'interno della cartella mie spese.
Fai due clic veloci con il tasto sinistro del mouse per aprire la finestra della cartella mie spese. La finestra della cartella mie spese dovrebbe essere vuota

Per creare le cartelle all'interno di questa finestra ripeti gli stessi passaggi descritti in precedenza. Devi solo fare molta attenzione a fare i comandi all'interno della finestra giusta (cioè mie spese), altrimenti le cartelle saranno create in altre finestre (e quindi all'interno di altre cartelle).

Se sei riuscito a creare una nuova cartella chiamala "spese personali". Crea, nel modo descritto prima, una seconda cartella ("sorella" della cartella spese personali, "figlia" della cartella mie spese) e dagli il nome "spese fatturabili". Il risultato che ottieni dovrebbe essere quello in figura.

Diciamo subito che, nonostante la presenza di due cartelle, lo spazio occupato risulta sempre di zero byte. Questo accade, perché le cartelle sono solo una suddivisione dell'Hard disk per facilitare la memorizzazione ordinata dei file.

Questa suddivisione non avviene fisicamente sull'Hard disk, ma viene solo mostrata all'utente. L'Hard disk, a prescindere che esistano o meno delle cartelle, continua a memorizzare i file secondo la sua logica costruttiva, cercando di sistemarli nelle locazioni di memoria libera. È il sistema operativo (Windows) che si preoccupa di far vedere all'utente le cartelle con i file inseriti all'interno in modo ordinato. Quindi una cartella esiste soltanto da un punto di vista "logico" non "fisico".

In conclusione, si possono tranquillamente creare centinaia di cartelle senza occupare spazio nell'unità di memoria.
Il fatto che la dimensione delle cartelle è (praticamente) nulla, lo puoi vedere dalle proprietà della cartella mie spese.

Nella finestra dell'Hard disk, fai un clic con il tasto destro del mouse sulla cartella mie spese. Dal menu scegli la voce Proprietà.

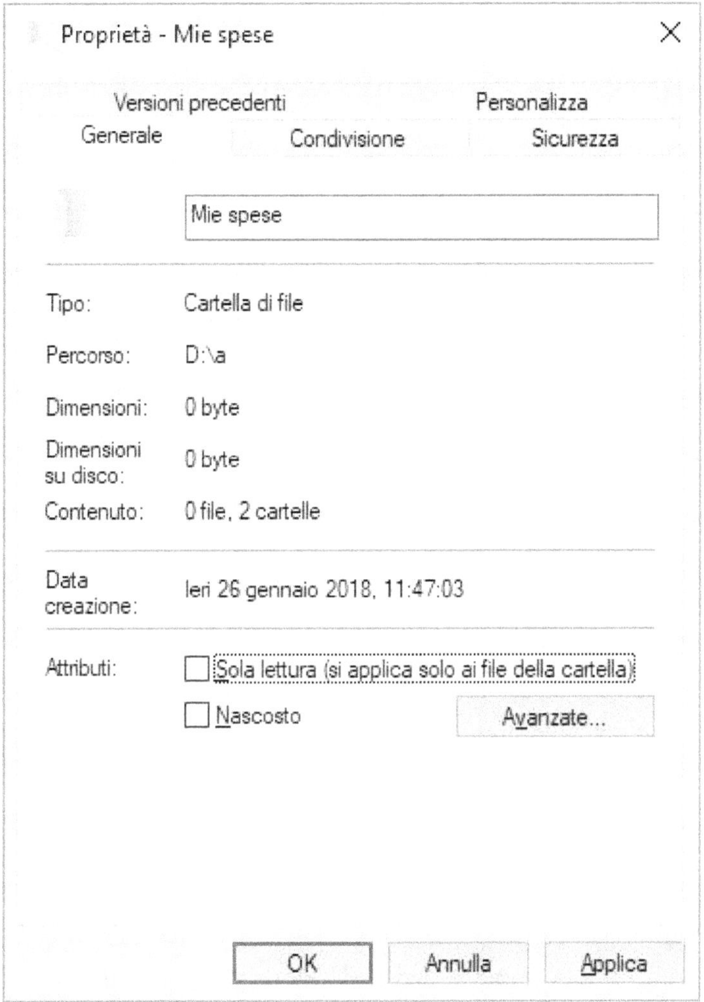

In questa finestra puoi leggere il nome della cartella (ed eventualmente cambiarlo), la data di creazione, e la dimensione (appunto zero byte). Si vede il suo contenuto:

zero file (una cartella visto che non occupa spazio non è propriamente un file) e due cartelle.

Per cancellare la cartella ci sono diversi modi. I più diretti sono:

• Fare un clic con il tasto sinistro del mouse per evidenziare la cartella e premere il tasto CANC sulla tastiera.

• Fare un clic con il tasto destro del mouse sulla cartella e scegliere, dal menu contestuale, la voce Elimina.

Chiaramente basta usare un solo modo, quello che preferisci, o quello più adatto al momento.
In ogni caso, dopo aver effettuato il comando di eliminazione, dovrebbe apparire il messaggio seguente.

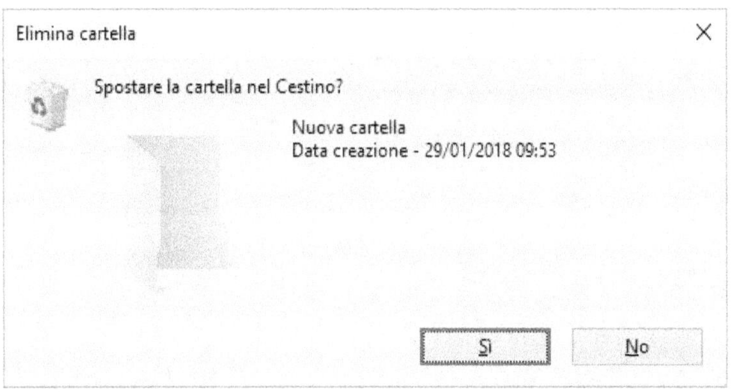

La cancellazione deve essere quindi confermata con un clic sul pulsante Sì. Il pulsante No (o un clic sul pulsante di chiusura ×) annulla la cancellazione della cartella (quindi la cartella rimane).

In generale, un file dopo essere stato cancellato non è eliminato dalla memoria del computer, ma viene posto in una area particolare di memoria detta Cestino, da dove è possibile recuperarlo.

Inoltre, quando cancello una cartella cancello tutto il suo contenuto.

Nota. Il fatto che quanto cancelli qualcosa ti appare una richiesta di conferma è una proprietà del Cestino. Questa caratteristica la puoi impostare con un clic del tasto destro del mouse sul Cestino e scegliendo la voce Proprietà.

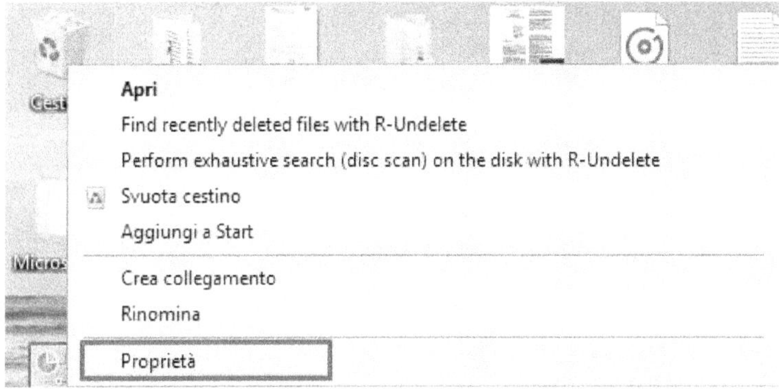

Nella finestra che appare l'opzione Conferma eliminazione è selezionata.

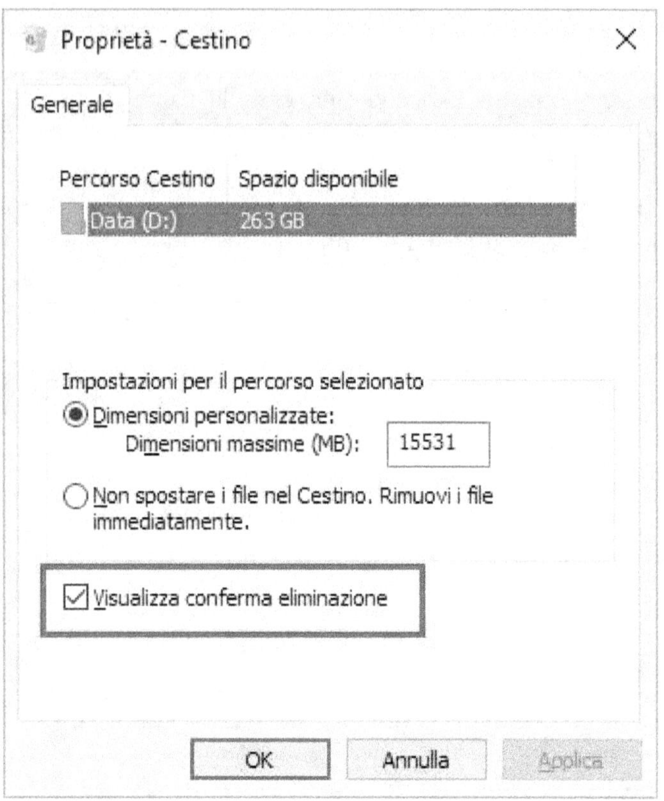

Nei paragrafi precedenti si è visto come si possono creare delle cartelle nell'hard disk e le principali operazioni che si possono compiere con esse. Adesso vediamo la creazione dei file. Un file è un qualunque documento creato con il computer: può essere un testo, un disegno, un programma, ecc.

Una differenza tra cartelle e file, è lo spazio che occupano nella memoria del calcolatore: la cartella occupa di norma zero byte (è solo una immagine per l'utente). Un file occupa tanto spazio in memoria quanto è la sua dimensione.

Facciamo delle prove con la creazione di file di testo.

I motivi di questa scelta sono due:

. Lo spazio ridotto che un file di testo occupa nella memoria (ogni carattere ha, più o meno, la dimensione di un byte).

. La relativa semplicità nel costruire un file di testo. In pratica è come scrivere una lettera con la macchina da scrivere.

Dopo aver preparato un file di testo, normalmente esso si memorizza nella memoria del calcolatore, cioè si salva nell'hard disk o nelle chiavette, ecc. Se non si salva, quando il computer viene spento, il file scompare e non vi è modo di recuperarlo: è come se non fosse mai stato scritto. Quindi, nella maggior parte dei casi, i file creati si salvano prima di spegnere il calcolatore.

I file possono essere salvati nelle unità di memoria, all'interno delle loro cartelle.

Come per le cartelle, organizzare la memorizzazione dei file in modo ordinato, cioè all'interno di cartelle specifiche, rende più semplice un eventuale ricerca del file stesso. Se, ad esempio, creiamo un testo che descrive l'albergo Giannini di Milano si può memorizzare in una cartella con il nome "alberghi a Milano". In questo modo se si deve rivedere il testo, una volta memorizzato, basta aprire la cartella "alberghi a Milano", e il file dovrebbe trovarsi al suo interno. In questo modo si evita una lunga ricerca tra le varie cartelle presenti. È molto importante quindi memorizzare in modo "ordinato".

Prima di cominciare a scrivere un testo prepariamo delle cartelle dove memorizzeremo il testo.

. Apri la finestra dell'Hard disk.

. Crea, all'interno della finestra dell'Hard disk, la cartella "acquisti" seguendo i passaggi descritti in precedenza.

. Fai due clic veloci con il tasto sinistro del mouse per aprire la cartella acquisti. La finestra della cartella acquisti dovrebbe apparire vuota.

. Crea le cartelle "acquisti personali" e "acquisti fatturabili" all'interno della cartella acquisti.

. Nella cartella acquisti personali crea due cartelle: acquisto bevande e acquisto matite.

. Nella cartella acquisti crea due cartelle: acquisto fax e acquisto matite.

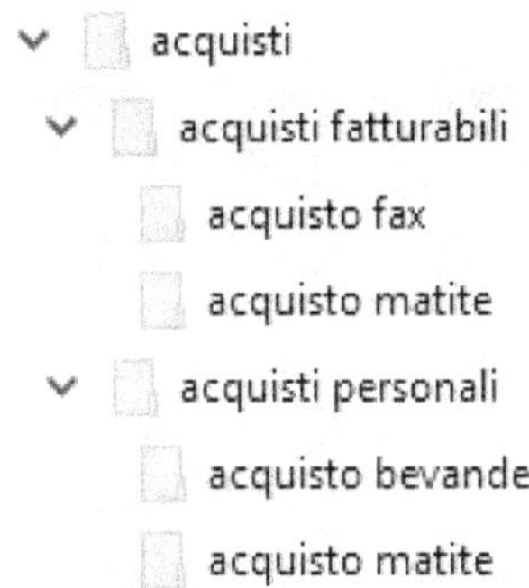

L'esempio proposto consiste nel creare un testo dove viene indicato il prezzo di un fax da memorizzare nella cartella acquisto fax. Per creare un file di testo usiamo il programma di videoscrittura che abbiamo già usato in precedenza e è fornito come accessorio del programma Windows: WordPad.

Per avviare il programma WordPad vai sul pulsante Start, seleziona Accessori Windows e poi WordPad.

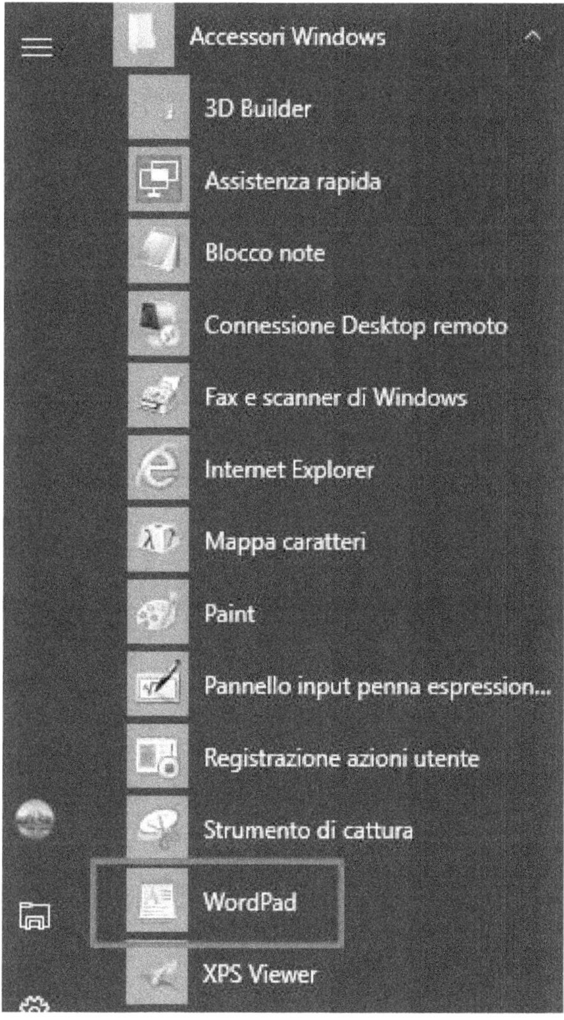

Ecco la finestra di WordPad.

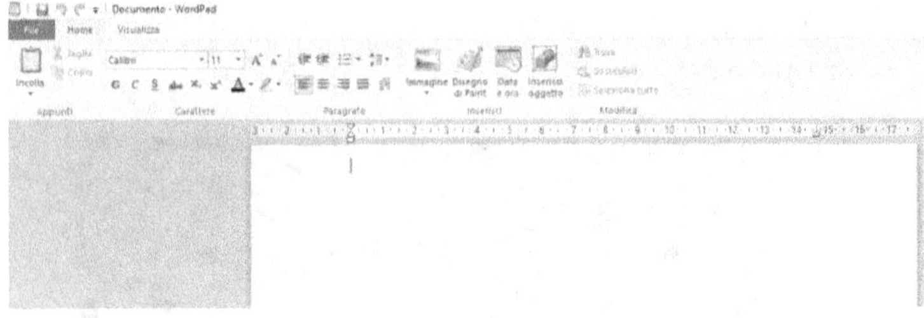

Poi visualizzare questa finestra a pieno schermo o a dimensione ridotta con il pulsante Ingrandisci/Ripristina (⊡).

Il testo si scrive nella parte bianca della finestra, che vuole rappresentare un foglio di carta bianco. Il testo inizia da dove appare la barra lampeggiante (|). In questo parte del libro non trattiamo le impostazioni di scrittura, dato che sono argomenti relativi alla video scrittura. Quindi quasi tutti i pulsanti di WordPad che appaiono nella parte grigia della finestra non sono descritti.

Scrivi il testo: "costo acquisto fax 50 euro". Il testo dovrebbe apparire nella parte bianca della finestra.

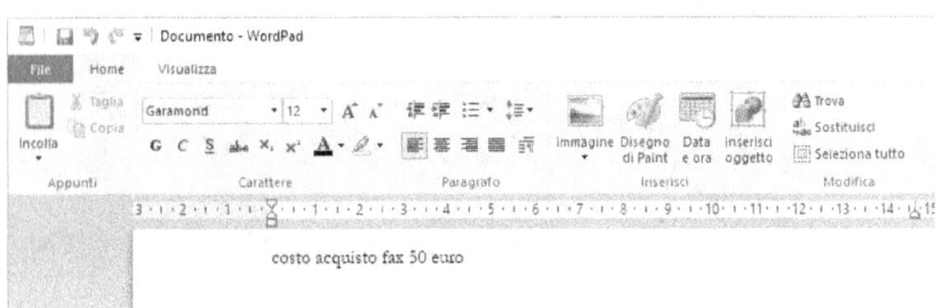

Nota che, mentre stai scrivendo, la barra lampeggiante si sposta per indicare il nuovo punto di.inserimento del testo.
Hai finito di scrivere il testo. Puoi chiudere il programma WordPad (con il pulsante di chiusura ×). Ma salva il testo

che hai scritto, altrimenti viene "perso" come se non ci fosse mai stato.

In ogni caso WordPad (come quasi tutti i programmi Windows) avvisa se si sta chiudendo un programma senza aver salvato. Infatti, prova a premere il pulsante di chiusura × (senza aver salvato). Appare il seguente messaggio.

Il messaggio è chiaro: avvisa che si sta chiudendo WordPad senza aver salvato il testo (o le modifiche fatte ad esso). Si hanno tre possibili scelte, rappresentate dai tre pulsanti (se vuoi proseguire con le spiegazioni successive premete Annulla):

. Sì: il programma WordPad non si chiude, e viene visualizzata la finestra per salvare il documento. In questa finestra premi Annulla, per poter proseguire con la spiegazione.

. No: (non scegliere, per adesso questo pulsante) il programma WordPad si chiude, e il testo scritto (o le successive modifiche) viene perso.

. Annulla (o ×): non viene effettuato alcun comando, la finestra visualizzata scompare, e torni a rivedere il testo. È come aver premuto il pulsante di chiusura ×.

Per poter proseguire con la spiegazione, premi il tasto Annulla.

Ora salviamo il testo. Premi il pulsante Salva (🖫), indicato in figura.

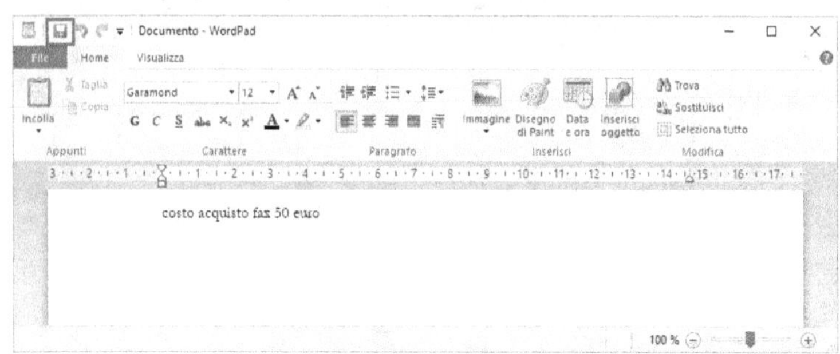

Questo è il modo più semplice per iniziare il processo di salvataggio di un file. Il pulsante Salva c'è in quasi tutti i programmi utilizzabili con Windows. Altrimenti dovete scegliere il comando Salva dal menu File.
Appare la finestra "Salva con nome".

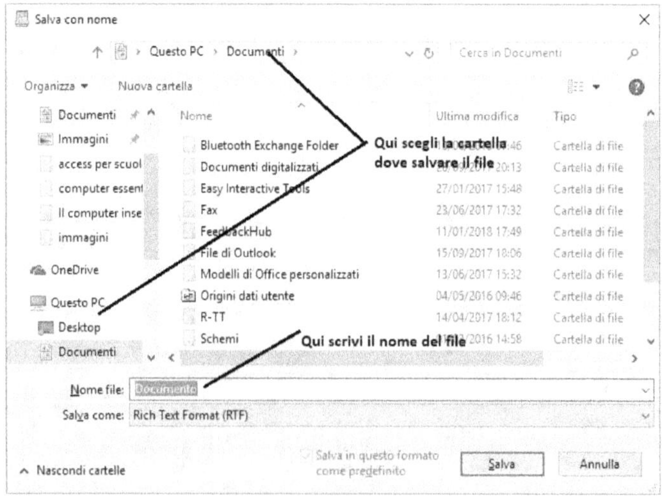

In questa finestra indichi il nome del documento (come per le cartelle anche il file deve avere un nome), e la cartella dove memorizzarlo.

Il nome del file si scrive nella casella bianca, indicata nella figura, che ha etichetta Nome file. Il nome che è già presente (Documento nel caso in figura) appare già evidenziato. Puoi subito scrivere come nome "prezzo fax". Il testo si sovrascrive automaticamente su quello evidenziato, come in figura sottostante.

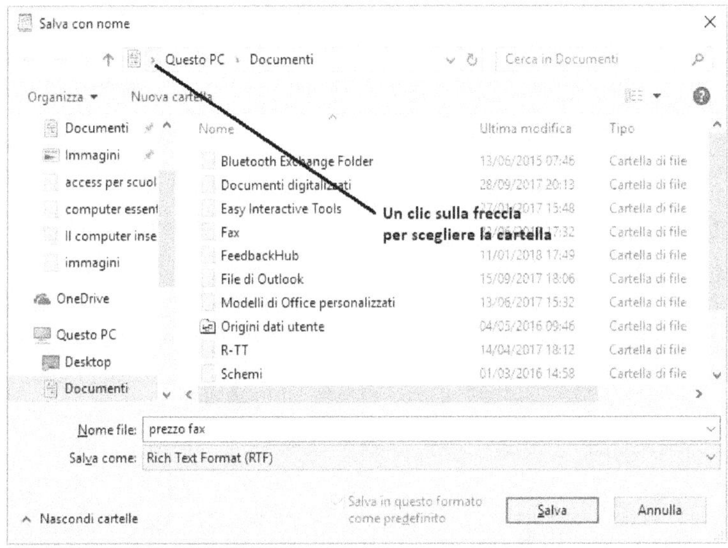

Una volta assegnato il nome al file, indica in quale posto (cioè in quale cartella) vuoi inserirlo. Questa fase è di fondamentale importanza per ottenere una organizzazione ordinata dei file nella memoria del PC. Nel nostro caso è la cartella acquisto fax.

Porta il mouse sulla freccia della casella Salva in, come indicato in figura. Appare il menu rappresentante la gerarchia delle cartelle e delle unità di memoria.

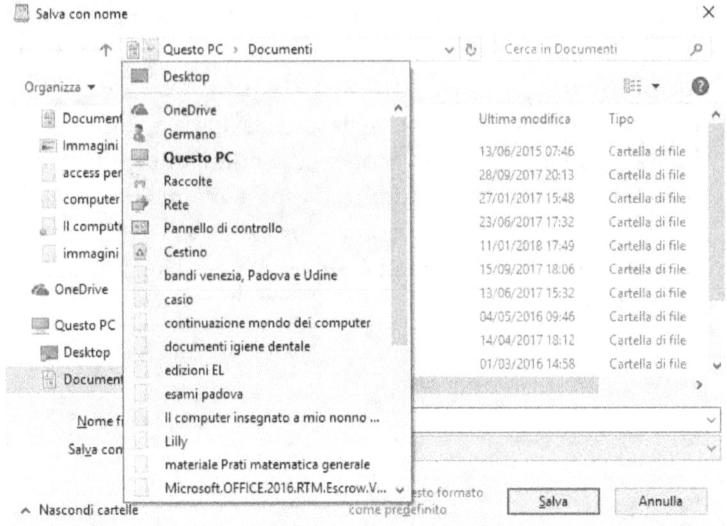

Al livello più alto appare il Desktop, che contiene al suo interno Questo PC, che contiene l'unità hard disk, l'unità chiave USB, ecc. L'unità hard disk è quella che contiene la cartella acquisto fax. Quindi, seleziona Questo PC e poi l'unità hard disk.

A questo punto dovrebbero essere visibili le cartelle di "primo livello", cioè "figlie" dell'hard disk. La cartella acquisti è quella che contiene la cartella acquisti fatturabili (che a sua volta contiene la cartella acquisto fax). Bisogna quindi aprire la cartella acquisti con due clic veloci del tasto sinistro del mouse sulla sua icona.

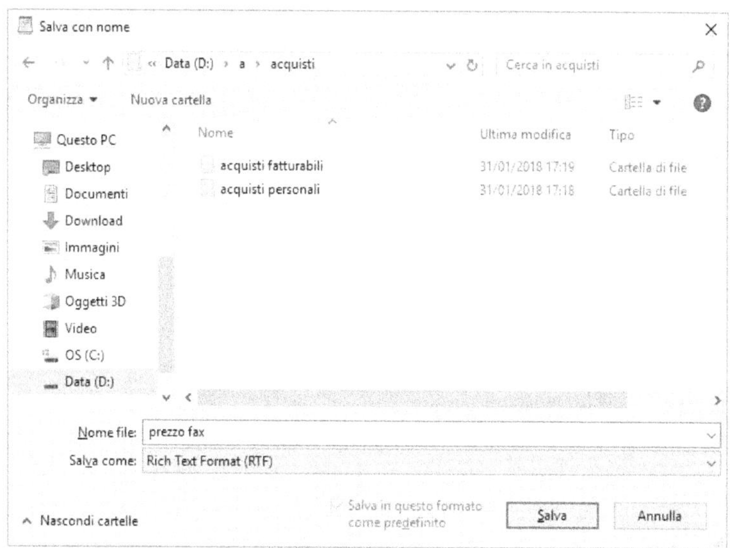

Sono ora visibili le cartelle "figlie" della cartella acquisti: la cartella acquisti fatturabili e la cartella acquisti personali. Il documento deve essere memorizzato nella cartella acquisto fax "figlia" della cartella acquisti fatturabili. Bisogna quindi aprire questa ultima cartella (acquisti fatturabili) con due clic veloci del tasto sinistro del mouse sulla sua icona.

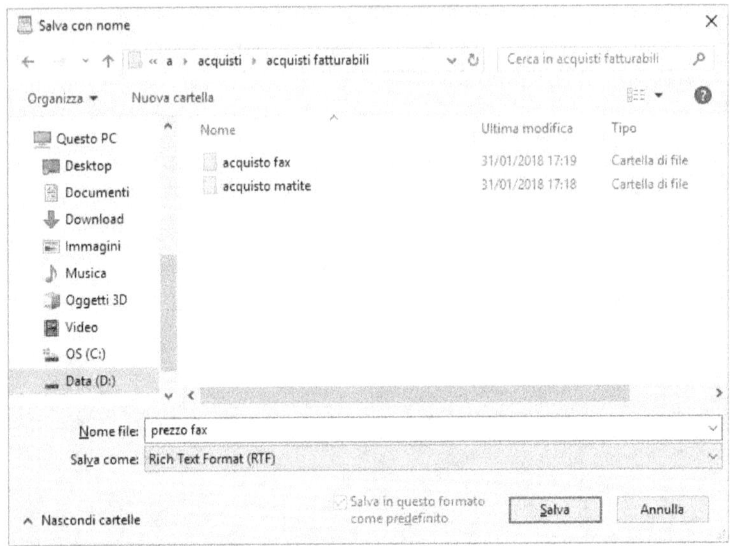

Sono ora visibili le cartelle "figlie" della cartella acquisti fatturabili: la cartella acquisto fax e la cartella acquisto matite. Il documento deve essere memorizzato nella cartella acquisto fax. Bisogna quindi aprire questa cartella con due clic veloci del tasto sinistro del mouse sulla sua icona.

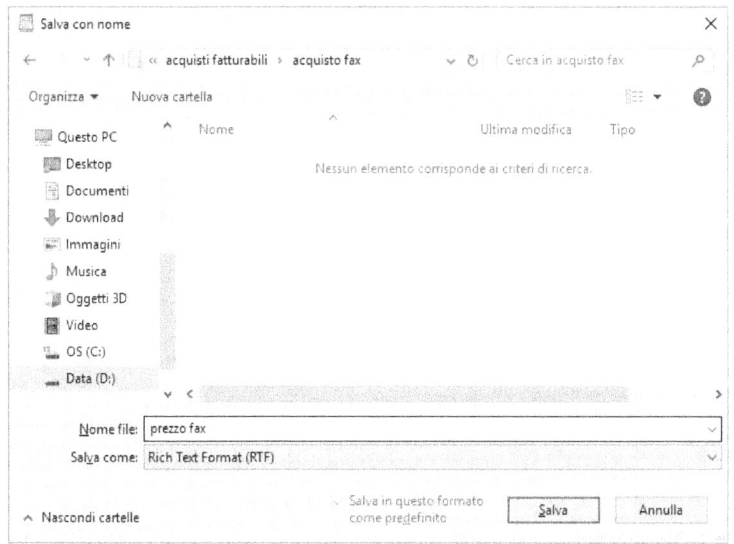

Adesso sei arrivato alla cartella corretta, dove salvare il documento. Per completare l'operazione di salvataggio fai un clic sul pulsante Salva. La finestra "Salva con nome" si chiude e si ritorna a visualizzare il testo.

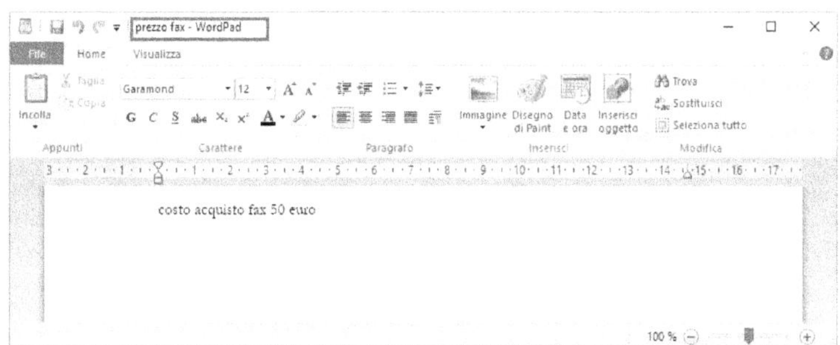

Il nome del documento appare nella Barra del titolo, dopo che si è salvato. Si ha quindi una conferma dell'avvenuto salvataggio. Non chiudere WordPad per proseguire con il paragrafo successivo.

Modifichiamo il testo visualizzato in figura, aggiungendo la frase "in tre rate", come nella figura sottostante.

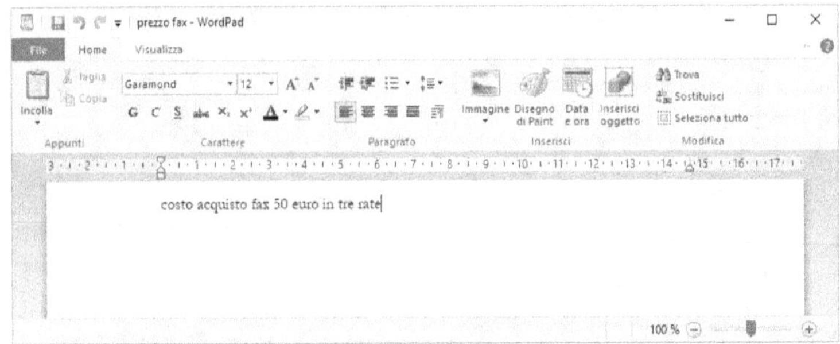

Se premi il pulsante Salva sembra che non accada niente. In realtà il file viene aggiornato con le modifiche effettuate: non appare alcuna finestra del tipo "Salva con nome" vista nel paragrafo precedente, poiché Windows sa già il nome del file e in quale cartella deve essere registrato. Quindi non essendo necessaria alcuna informazione, il processo di salvataggio avviene senza nessuna richiesta all'utente.

Questo fatto permette di scrivere dei testi (anche lunghi) e di salvare periodicamente mentre si sta lavorando. Solo al primo salvataggio si "perde tempo" ad indicare il nome del file e la cartella dove deve essere salvato. Poi basta ricordarsi ogni tanto di premere il pulsante Salva. In questo modo se il computer si spegne inavvertitamente (ad esempio se manca all'improvviso la corrente) le modifiche fatte al testo, prima dell'ultimo salvataggio, sono registrate e rimangono quindi in memoria.

Puoi ora chiudere il programma WordPad con il pulsante di chiusura ✕.

Per riaprire un file salvato è sufficiente che visualizzi la cartella che lo contiene.

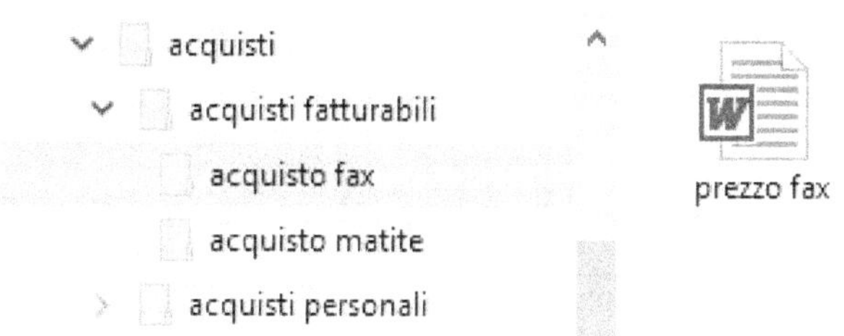

Il documento prezzo fax appare a destra. L'icona potrebbe essere differente rispetto a quella in figura. Se appare l'icona della figura allora nel computer è installato il programma Microsoft Word. Un documento creato con WordPad "diventa", una volta salvato, un documento di Word.

Altrimenti, potreste avere altre icone a seconda del word processor installato. In ogni caso non ci sono grandi differenze per la prosecuzione della spiegazione. I comandi che illustreremo sono uguali sia per Word che per WordPad. Per rivedere il testo scritto in questo file bisogna "aprirlo". Per aprire un file bisogna fai due clic veloci con il tasto sinistro del mouse sulla sua icona, come per aprire una cartella.

Se l'icona del file è quella in figura il file viene aperto con il programma Word. Altrimenti viene aperto con WordPad o con l'editor installato. Aggiungi al testo la parola "mensili".

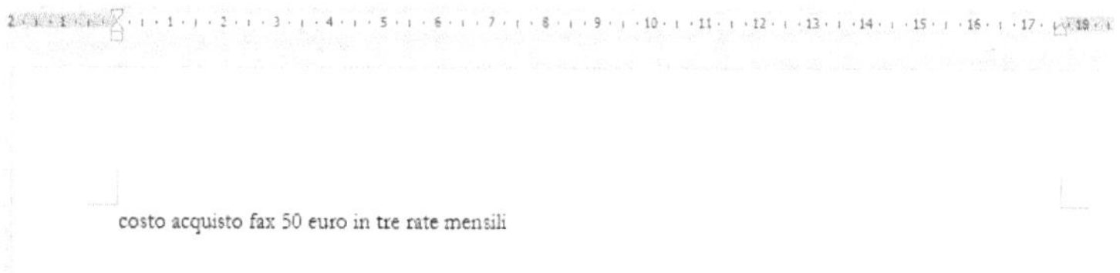

Salva le modifiche con il pulsante Salva. Come si è detto non appare nessuna richiesta. Windows sa già il nome del file (prezzo fax) e in quale cartella deve salvare il file (acquisto fax).

Adesso puoi chiudere il programma con il pulsante di chiusura ×.

I file che non sono più utilizzati possono essere cancellati dalle cartelle dove sono memorizzati. I file si possono cancellare per liberare lo spazio che occupano nella memoria del calcolatore. In realtà questa esigenza non è più molto sentita: la dimensione dei file che normalmente creiamo (utilizzando programmi tipo Word) è notevolmente inferiore alla capacità degli attuali Hard disk. Quindi, nella memoria di un calcolatore possono tranquillamente essere presenti migliaia di file, senza che si crei una saturazione della memoria.

Cancellare un file può invece essere utile per mantenere ordine all'interno delle cartelle nel calcolatore. Eliminando i file "inutili", si evita di avere cartelle con all'interno una grande quantità di file di cui non si ricorda il contenuto, e creano solo confusione.

Come vedremo nel corso del capitolo, la cancellazione di un file dall'Hard disk comporta lo spostamento del file dalla cartella che lo contiene in un'area di memoria detta Cestino. È possibile quindi utilizzare il Cestino per recuperare dei file cancellati per sbaglio. Vedremo invece, che la cancellazione di un file dai dispositivi rimovibili è definitiva.

Proviamo a cancellare il file prezzo fax, contenuto nella cartella acquisto fax, sottocartella della cartella acquisti. Visualizza il contenuto della cartella acquisto fax.

Ci sono diversi modi per cancellare la cartella. Descriviamo i più diretti:

. Fare un clic con il tasto sinistro del mouse per evidenziare il file. Premere il tasto CANC sulla tastiera.

. Fare un clic con il tasto destro del mouse sulla cartella. Scegliere, dal menu contestuale, la voce Elimina.

Un altro modo è trascinarlo nel Cestino.

Chiaramente basta usare un solo modo, quello che preferisci, o quello più adatto al momento.

In ogni caso, dopo aver effettuato il comando di eliminazione, dovrebbe apparire il messaggio seguente.

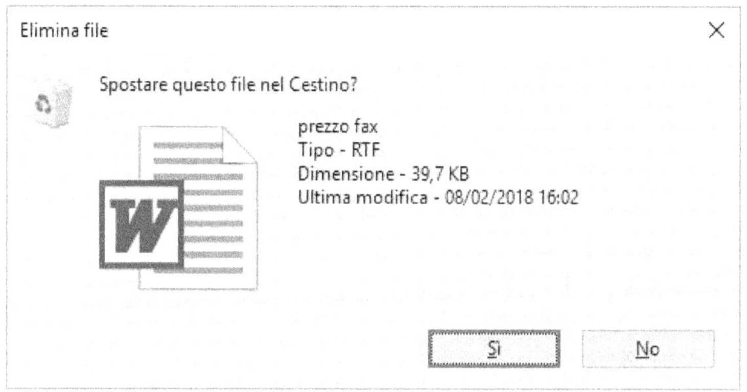

La cancellazione deve essere quindi confermata con un clic sul pulsante Sì. Il pulsante No (o un clic sul pulsante di chiusura ×) annulla la cancellazione del file.

In generale, un file dopo essere stato cancellato non è eliminato dalla memoria del computer, ma viene posto in una area particolare di memoria detta Cestino, da dove, come si vedrà nei paragrafi successivi, puoi recuperarlo.

Conferma la cancellazione.

Come abbiamo accennato in precedenza, un file dopo essere stato cancellato non è eliminato dalla memoria del computer, ma viene spostato in una area particolare di memoria, detta Cestino, da dove è possibile recuperarlo.

L'immagine del Cestino rappresenta, in modo simbolico, un posto dove "buttare" i file che non servono più. In realtà il Cestino è una porzione (circa il 10%) dell'Hard disk, utilizzata per contenere i file che sono stati cancellati. Se che un file cancellato risulta ancora utile, posso aprire il Cestino e riportare il file nella sua cartella di origine. Altrimenti posso eliminare dal Cestino (quindi in modo definitivo) un file che sono sicuro di non dover più utilizzare.

Il Cestino è presente nel Desktop.

Per aprire il Cestino e visualizzare il suo contenuto, si effettuano gli stessi passaggi utilizzati per aprire una qualsiasi icona:

. porta la freccia del mouse sull'icona del Cestino;
. fai due clic veloci con il tasto sinistro del mouse.

Appare la finestra del Cestino (con il file prezzo fax al suo interno): questa finestra dovrebbe avere un aspetto simile a quello in figura.

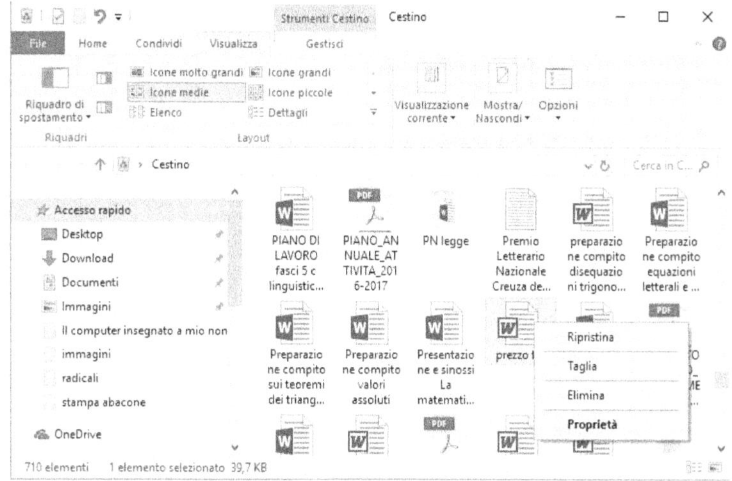

Per recuperare un file dal Cestino e riportarlo nella posizione originaria fai un clic con il tasto destro del mouse sul file prezzo fax. Nel menu contestuale scegli la voce Ripristina.

Il file scompare dal Cestino e ritorna nella sua cartella originaria. Per controllare apri la cartella acquisto fax. Al suo interno dovrebbe essere tornato il file prezzo fax.

10.2. Applicazioni e accessori

Nel corso dei vari capitoli abbiamo creato i file sempre con lo stesso programma, WordPad. La scelta è dovuta alla facilità d'uso di questo programma.
Ma tra gli accessori che Windows offre ci sono molte altre applicazioni, tutte raggiungibili dal menu Start.
Una delle applicazioni più note è la Calcolatrice.

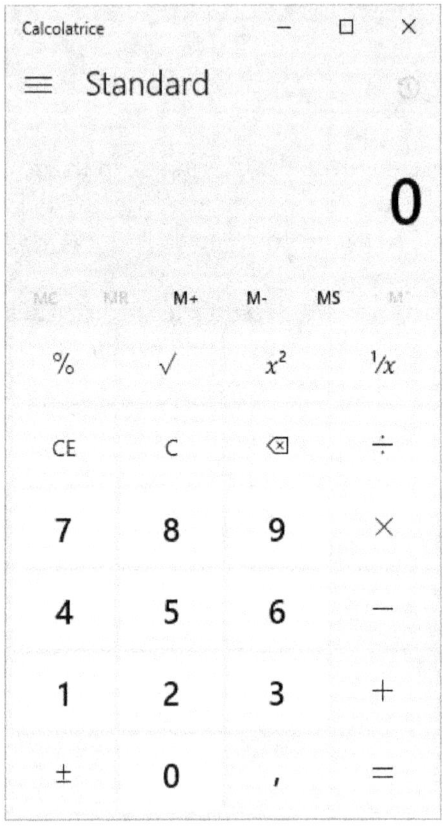

È una vera e propria calcolatrice da ufficio. Sono interessanti le varie modalità di calcolo presenti nel menu.

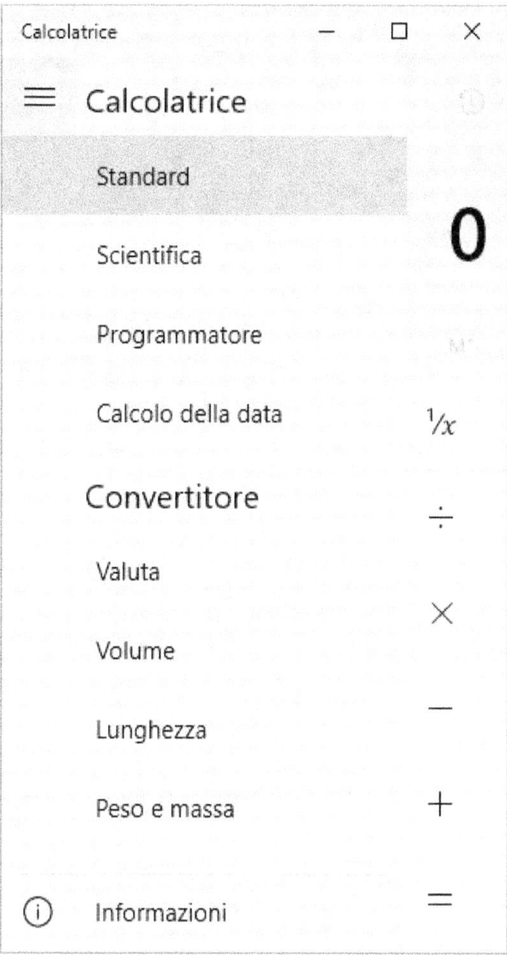

Ad esempio, ecco la modalità scientifica, con le classiche funzioni matematiche.

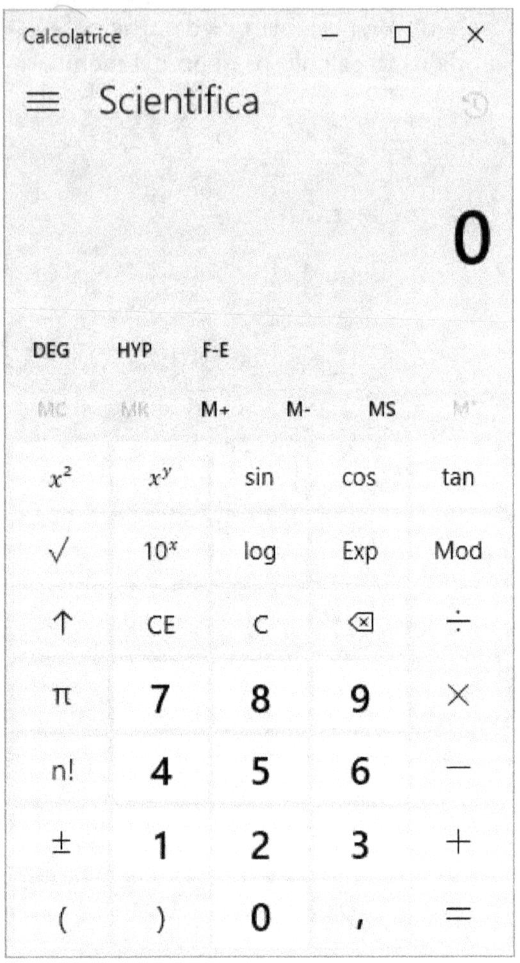

Un'altra applicazione da citare è Paint. Permettere di creare facilmente dei disegni bidimensionali a colori.

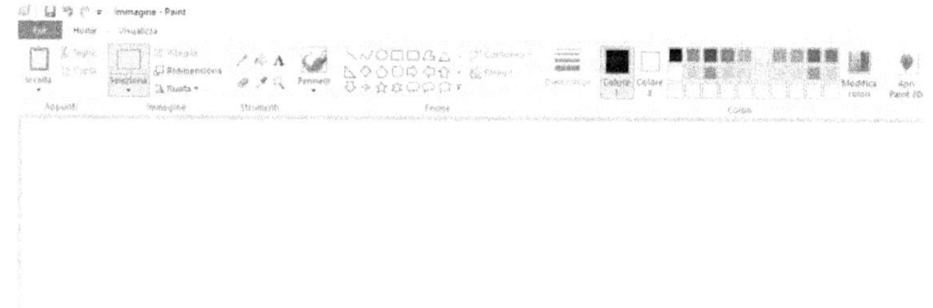

Una volta creato il tuo disegno puoi salvarlo in vari formati.

Ti invitiamo a dare una occhiata anche al Blocco note, un programma di videoscrittura molto semplice, al Calendario, a Foto, per visualizzare e modificare le tue foto, ecc.

I segreti svelati in questo capitolo

. Le cartelle sono, come le cartelle di uno schedario, dei raccoglitori di file relativi allo stesso argomento. Servono per organizzare in modo ordinato l'enorme quantità di dati presenti nel computer.

. Per creare una cartella fai clic con il tasto destro del mouse nella finestra di una cartella o di una unità di memoria. Nel menu contestuale che appare scegli Nuovo e poi cartella.

. Puoi dare un nome alla cartella al momento della sua creazione. In alternativa, la puoi rinominare con un clic con il tasto destro sulla cartella e scegliendo la voce Rinomina.

. Si possono creare un numero infinito di cartelle, dato che le cartelle non occupano spazio in memoria. Le cartelle possono essere allo stesso livello, all'interno della stessa finestra, o una dentro l'altra. In questo caso si parla di sottocartelle.

. Una cartella che non serve più si può cancellare. Prima che la cartella venga eliminata appare un messaggio di conferma.

. Un documento preparato al computer deve essere salvato, altrimenti è perso. In ogni caso il programma avvisa quando si chiude un documento senza salvare.

. Una volta salvato un documento, per memorizzare le modifiche successive, basta premere il pulsante Salva. Non viene fatta alcuna richiesta dato che si conosce già il nome del file e dove salvarlo.

. Un file o una cartella che non ti serve più, può essere cancellata. Normalmente non viene eliminato definitivamente dal computer ma viene inserita in un'area di memoria particolare, il Cestino.

Esercizi

Vista l'importanza dell'argomento, si propongono degli esercizi riepilogativi sulla creazione delle cartelle e i file.
Ci rendiamo conto della difficoltà di chi affronta queste operazioni per la prima volta, leggendo le istruzioni da un manuale. È molto difficile rappresentare tutti i casi che si possono verificare quando si crea una cartella, e prevenire le difficoltà che possono insorgere, anche se si è cercato di essere il più possibile precisi. Comunque imparare a creare le cartelle e saper utilizzare con sicurezza questi comandi è molto importante per acquisire familiarità con il sistema operativo Windows.
Prova a svolgere gli esercizi qui proposti, e passate ai capitoli successivi quando siete abbastanza sicuri su queste operazioni.
 Al termine di ogni esercizio puoi cancellare la prima cartella creata: anche tutte le cartelle in essa contenuta saranno eliminate.

Negli esercizi si usa la seguente terminologia:

Il disegno:	Indica:
	Una cartella

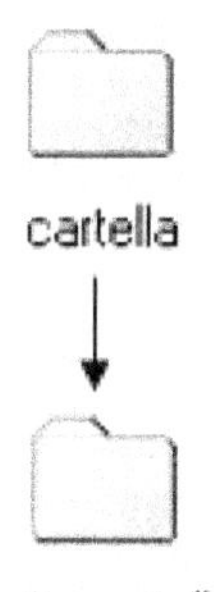

Una cartella "madre" con la cartella "figlia" (una sottocartella).

Un file (di testo) contenuto in una cartella

Esercizio 1

Crea nell'Hard disk la cartella libri che contiene tre cartelle: narrativa, storici, attualità.

Esercizio 2

Crea nell'Hard disk la cartella contabilità che contiene due cartelle: entrate ed uscite. La cartella entrate contiene a sua volta due cartelle: fatturare e non fatturare.

Esercizio 3

Crea nell'Hard disk, la cartella liquori che contiene tre cartelle: grappe, brandy, cognac. La cartella cognac contiene a sua volta due cartelle: francesi, altre. La cartella grappe contiene a sua volta due cartelle: alle erbe, pure.

Esercizio 4

Crea nell'Hard disk, la seguente struttura di cartelle: la cartella dolciumi contiene le cartelle torte e gelati. La cartella torte contiene le cartelle dolci e salate. La cartella gelati contiene le cartelle alle creme e alla frutta.

Crea dei testi. La cartella dolci contiene il documento crepes. La cartella salate contiene il documento saint honorè. La cartella alle creme contiene il documento panna. La cartella alla frutta contiene il documento cocco.

Esercizio 5

Crea nell'Hard disk, la seguente struttura di cartelle: la cartella frutta contiene le cartelle frutta fresca e frutta secca. La cartella frutta fresca contiene le cartelle frutta fresca

italiana e frutta fresca estera. La cartella frutta secca contiene
le cartelle frutta secca italiana e frutta secca estera.

Crea dei testi. La cartella frutta fresca italiana contiene il
documento pesca. La cartella frutta fresca estera contiene il
documento banana. La cartella frutta secca italiana contiene
il documento noce. La cartella frutta secca estera contiene il
documento cocco.

Soluzioni

Esercizio 1

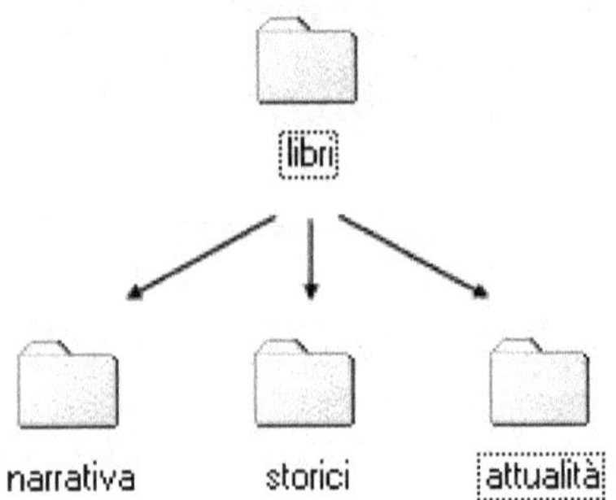

Esercizio 2

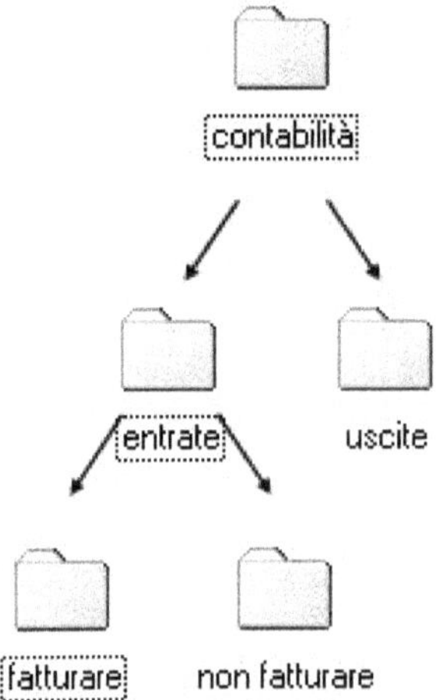

Esercizio 3

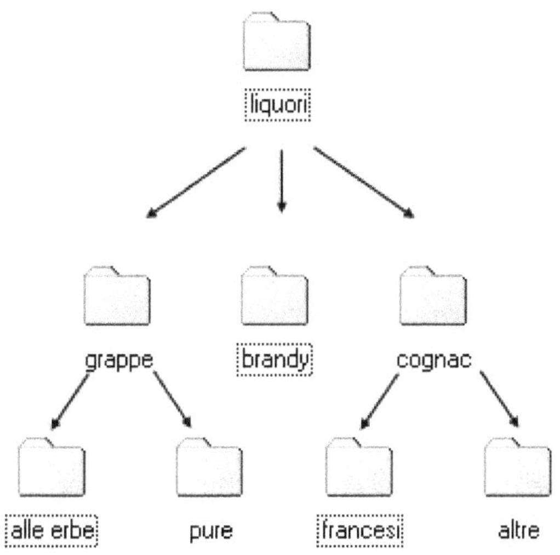

Esercizio 4

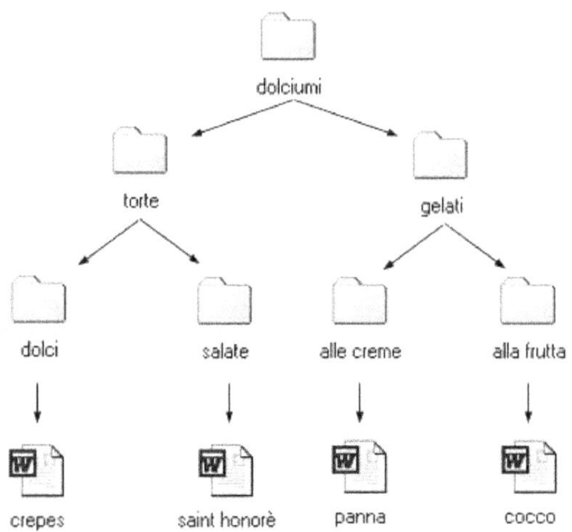

Esercizio 5

frutta
frutta fresca
frutta secca
frutta fresca italiana
frutta fresca estera
frutta secca italiana
frutta secca estera
pesca
banana
noce
cocco

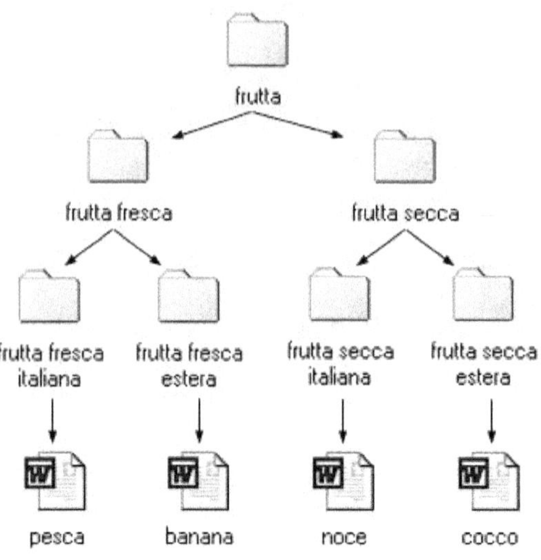

11. LA CONNESSIONE INTERNET

11.1. Cos'è e a cosa serve

Che cosa è Internet ormai è noto a tutti. Internet è la rete a livello mondiale che mette a disposizione degli utenti collegati informazioni, file, materiale di vario genere in forma di pagine ipertestuali cioè pagine che oltre al testo hanno immagini, filmati e soprattutto link, collegamenti ad altre pagine dello stesso tipo.

Internet è una rete di calcolatori che collega elaboratori situati in ogni parte del mondo; attualmente consente a centinaia di milioni di utenti di collegarsi gli uni agli altri per scambiare documenti, immagini o semplici messaggi. In realtà Internet è una rete di reti, cioè, collega fisicamente tra loro centinaia di migliaia di reti locali di elaboratori.

Quindi, Internet è l'insieme dei computer, dei cavi, dei dispositivi fisici tutti connessi tra loro.

Internet ha origine come rete militare durante il periodo della Guerra Fredda. Il Dipartimento della Difesa degli Stati Uniti aveva creato un sistema di collegamento tra 4 importanti elaboratori militari, in modo che, se per un attacco atomico le linee telefoniche tradizionali fossero state distrutte, ci fosse un sistema di collegamento alternativo.

Il nome di questa rete era **ARPANET**.
ARPANET continuò ad espandersi anche oltre l'Atlantico.
Quando le esigenze militari vennero meno, intorno al 1983, Il Ministero della Difesa lasciò tutto l'apparato di collegamento alle più importanti università per agevolare la

diffusione delle informazioni scientifiche e per poter ottimizzare tutte le risorse di calcolo a disposizione. È la nascita di Internet.

Il successo di Internet è basato sul modo semplice ed efficace che hanno gli utenti per accedere alle informazioni. L'utilizzo di pagine ipertestuali, il WWW.

Infatti, alla fine degli anni 80 il **CERN (Centro Europeo per le Ricerche Nucleari)** di Ginevra, mette a punto il WWW (World Wide Web).

Il WWW consiste nell'organizzazione delle informazioni in modo ipertestuale; dal 1994 l'utilizzo del WWW, assieme alla diminuzione dei costi di accesso ed utilizzo della rete, ha permesso un incremento esponenziale nella diffusione di Internet.

Come sono fatte le pagine ipertestuali?
Una pagina ipertestuale è una pagina con testo, immagini, video, cioè elementi multimediali, che ha qualcosa in più rispetto alle pagine "normali": sono presenti i link.
I link, in pratica, sono puntatori ad altre pagine ipertestuali.
Un link ha un aspetto simile al seguente: questo è un link.
Ma anche un'immagine può essere un link: con un clic sul link si passa alla pagina ipertestuale indicata. Quindi la lettura può seguire molti percorsi alternativi.

Il codice con cui viene scritta una pagina ipertestuale è l'**HTML (HyperText Markup Language)**. Questo codice viene interpretato dal programma che permette di navigare in Internet, il browser: esempi di browser sono Chrome, Edge, Internet Exporer, Firefox, Safari, ecc.

Oltre alle pagine Web, Internet mette a disposizione vari servizi:

. *E-Mail: il servizio di posta elettronica.*
. *E-commerce: commercio e vendita on line.*
. *E-Learning: istruzione attraverso la rete.*
. *Download e Upload di file: la possibilità di scaricare programmi, immagini, documenti, in generale file, dai siti Internet. Questo processo è chiamato Download. Viceversa la possibilità di inserire contenuti in siti che li ospitano è chiamato Upload: ad esempio, inserire un filmato su Youtube. Le velocità di caricamento e scaricamento dipendono dal tipo di linea di modem e si misurano in bit per secondo (bps), Kilobit per secondo (Kbps), megabit per secondo (Mbps).*
. *Home-banking: gestione del conto corrente attraverso la rete.*
. *Istant messanging: scambio in tempo reale di messaggi di testo.*
. *Telelavoro: attività lavorativa svolta in un luogo diverso dall'azienda, normalmente a casa.*
. *Voip (Voice Over Internet Protocol): conversazione telefonica tramite Internet.*
. *Video chiamata: chiamata telefonica con la visione degli utenti tramite la webcam.*
. *Feed RSS: possibilità di avere disposizione gli ultimi aggiornamenti di un sito.*
. *Blog: un diario personale on line.*
. *Podcast: un programma radio o video registrato in Internet.*

11.2. Come scegliere e dove andare

Le aziende che permettono ad un utente di accedere alla rete Internet si chiamano Internet Service Provider (ISP): ad esempio Telecom, Vodafone, Tre, Infostrada, Tiscali, Fastweb, ecc. sono tutti fornitori del servizio Internet.

Per navigare in Internet si deve sottoscrivere un abbonamento con questi provider, molto spesso incluso nell'abbonamento telefonico e collegarsi alla rete tramite un modem, l'apparecchiatura che permette di collegare il computer alla rete internet.

I modem sono diversi perché ci sono diverse modalità, dal punto di vista del collegamento fisico, che comportano la differenza di banda di trasmissione e di connessione ad Internet.

1. Si può utilizzare la linea telefonica.

2. Si può usare il telefono cellulare come modem.

3. Connessione Wireless: in generale indica una connessione ad Internet senza il filo. Può essere ad esempio il caso dell'utilizzo di un modem in una abitazione che permette la connessione a vari computer nella casa attraverso le onde radio, In questo caso il modem svolge la funzione di router, nel senso che permette connessioni multiple. Può essere anche il caso della connessione tramite le Internet Key: si parla in questo caso di Internet Mobile. Oppure i casi degli access point wireless presenti negli aeroporti, negli alberghi, ecc.

4. Connessione tramite il satellite: è una connessione a banda larga attraverso onde radio verso un satellite di trasmissione.

Le tariffe possono essere:

1. a tempo di connessione, o a quantità di dati, senza pagare un canone fisso (free);

2. a canone di abbonamento (di solito mensile) senza limiti di tempo di connessione e quantità di dati (flat).

La connessione flat è sempre attiva, tipicamente a tariffa fissa, con alta velocità.

I segreti svelati in questo capitolo

. Per Internet si intende una rete di calcolatori che collega elaboratori situati in ogni parte del mondo per la ricerca di informazioni. Internet è una rete di reti, cioè, collega fisicamente tra loro centinaia di migliaia di reti locali di elaboratori. Quindi Internet è l'insieme dei computer, dei cavi, dei dispositivi fisici tutti connessi tra loro.

. Il WWW (World Wide Web) è l'insieme delle pagini ipertestuali che si trovano in internet. Una pagina ipertestuale è una pagina che, oltre a testi immagini e video, ha i link: sono i collegamenti che permettono di passare da una pagina ipertestuale ad un'altra.

. Le aziende che permettono l'accesso alla rete Internet sono gli Internet Service Provider (ISP). Normalmente queste aziende forniscono un abbonamento, spesso collegato all'abbonamento del telefono, e si occupano dell'installazione dell'apparecchiatura necessaria alla navigazione, in particolare il modem.

Domande

1. Cos'è il WWW?

a) è un sinonimo di internet
b) un tipo di modem
c) l'insieme delle pagine ipertestuali
d) una rete di computer

2. Cos'è internet?

a) l'insieme delle pagine ipertestuali
b) una rete di computer a livello mondiale
c) il programma per navigare in rete
d) un fornitore di servizi internet

3. Cos'è un browser?

a) l'insieme delle pagine ipertestuali
b) una rete di computer a livello mondiale
c) il programma per navigare in rete
d) un fornitore di servizi internet

4. Cos'è un ISP?

a) l'insieme delle pagine ipertestuali
b) una rete di computer a livello mondiale
c) il programma per navigare in rete
d) un fornitore di servizi internet

Soluzioni

1 c; 2 b; 3 c; 4 d.

12. INTERNET

Dopo aver visto gli aspetti teorici del mondo di Internet, iniziamo ad esplorare la rete di Internet: vedremo che utilizzare Internet per cercare delle informazioni, significa muoversi tra un sito ed un altro, tra una pagina di Internet (detta pagina Web) all'altra: in termine informatico si dice che si deve navigare nella rete Internet, nel World Wide Web.

12.1. Browser o motore di ricerca

Per navigare nella rete devi utilizzare un Browser, cioè l'apposito programma utilizzato per l'esplorazione delle pagine di Internet.

Tutti i browser presentano, in linea di massima, gli stessi comandi. In questo testo usiamo il browser Chrome.

Di solito la finestra del browser non appare vuota, come quando apriamo un programma di videoscrittura: nella finestra è visualizzata una prima pagina Web, detta Pagina iniziale o Home Page. Questa pagina può essere quella del provider con cui ti sei associato o di un motore di ricerca.
Un motore di ricerca è un particolare sito internet che consente di trovare le pagine logicamente collegate agli argomenti richiesti.
Un motore di ricerca è un enorme archivio di dati riguardanti miliardi di pagine Web.
I motori di ricerca aggiornano spesso le pagine tramite dei loro programmi detti spider, e offrono una situazione aggiornata dei contenuti del Web.

Il motore di ricerca più noto è Google, reperibile all'indirizzo www.google.it. In questo testo illustreremo le funzionalità di questo motore di ricerca.

12.2. Navighiamo!

In generale, per navigare tra le pagine di Internet ci sono tre possibilità:

1. scrivere l'indirizzo logico della pagina Web, che si vuole visualizzare, nella Barra degli indirizzi;

2. usare il motore di ricerca;

3. utilizzare i link presenti nella pagina Web visualizzata. Vediamo un esempio per ogni caso.

Il primo modo lo puoi utilizzare se conosci l'indirizzo esatto della pagina Web che vuoi vedere: una pagina Web ha sempre un proprio indirizzo (diverso per ogni pagina) del tipo www.NomePagina.suffisso. Ad esempio supponiamo che vogliamo visualizzare la pagina del sito dell'Università di Venezia che ha come indirizzo www.unive.it. Devi scrivere questo indirizzo nella Barra degli indirizzi (cancellando quello che era già presente) e premere il tasto INVIO sulla tastiera.

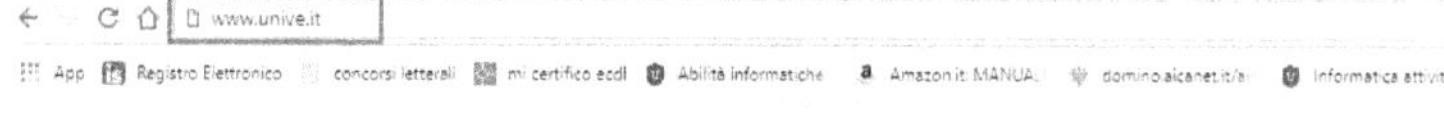

Se l'indirizzo è stato scritto in modo corretto, dopo qualche istante, appare la pagina del sito dell'Università di Venezia al posto della pagina precedente.

Hai compiuto una prima navigazione tra due pagine Web. Se conosci altri indirizzi di pagine Web poi scriverli nella Barra degli indirizzi e continuare a navigare nella rete.

L'utilizzo di un motore di ricerca è molto semplice: basta inserire alcune parole chiave nell'apposito campo e premere INVIO.

Nella pagina appare il numero di corrispondenze trovate con le parole "università di Venezia" (13.400.000), e all'interno della pagina l'elenco dei primi risultati ordinati per rilevanza.

Ognuno di questi risultati è un link alla pagina che contiene le informazioni desiderate.

Google utilizza tecniche di corrispondenza molto sofisticate per trovare parole che siano importanti e rilevanti ai fini della ricerca. Ad esempio, quando Google analizza una pagina, esamina anche il contenuto delle pagine associate, dando la precedenza a quelle in cui i termini ricercati sono presenti in sequenza.

Il terzo modo per muoversi tra le pagine Web consiste nell'utilizzare i link. Un link (o collegamento ipertestuale) è una parte di testo o un'immagine a cui è associato l'indirizzo di un'altra pagina Web. Se si fa un clic su un link si passa alla pagina Internet collegata: l'associazione link/pagina Web viene creata da chi costruisce la pagina Internet con gli appositi linguaggi di programmazione (linguaggio HTML). Se un testo è un link, di solito è di colore blu e sottolineato. Se un'immagine è un link non c'è alcuna indicazione particolare: in ogni caso un link è riconoscibile dal fatto che, quando il puntatore del mouse è sopra al link, assume l'aspetto di una manina. Con un clic si passa alla pagina collegata. Di link in link possiamo navigare nella rete.

Muovendosi nella rete potresti avere la necessità di dover ritornare ad una pagina visualizzata in precedenza oppure alla pagina iniziale. In questo caso si possono utilizzare i comandi Indietro e Avanti.

Il pulsante con la casetta (home page) serve per tornare alla pagina iniziale.

Navigando nella rete può capitare di trovare dei siti, di cui vogliamo memorizzare l'indirizzo. Magari si vuole organizzarli in categorie. Tutti i browser hanno questa funzione che si chiama segnalibro (in Italiano) o bookmark (in Inglese). In Chrome prendono il nome di Preferiti. Quando si aggiunge un sito Web all'elenco dei Preferiti, è possibile accedere a quel sito facendo semplicemente clic sul nome, invece che scrivere l'indirizzo.

Per aggiungere la pagina Web visualizzata all'elenco dei Preferiti fai un clic sul pulsante con la piccola stella sulla barra degli indirizzi.

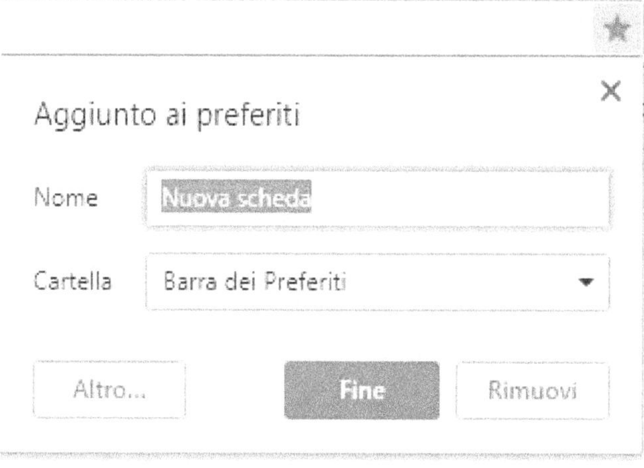

Nella finestra puoi decidere come e dove salvare la pagina Web. Se vuoi, scrivi un nuovo nome per la pagina nella casella Nome. Eventualmente, specifica la cartella in cui deve essere inserito il preferito con il menu Crea in. Fai clic su

Aggiungi. Con il pulsante Altro è possibile creare una nuova cartella come contenitore di pagine preferite.

Nel menu delle opzioni di Chrome (a destra della barra degli indirizzi, contrassegnato da tre puntini verticali) trovi la voce Preferiti per visualizzare e organizzare i vari siti preferiti.

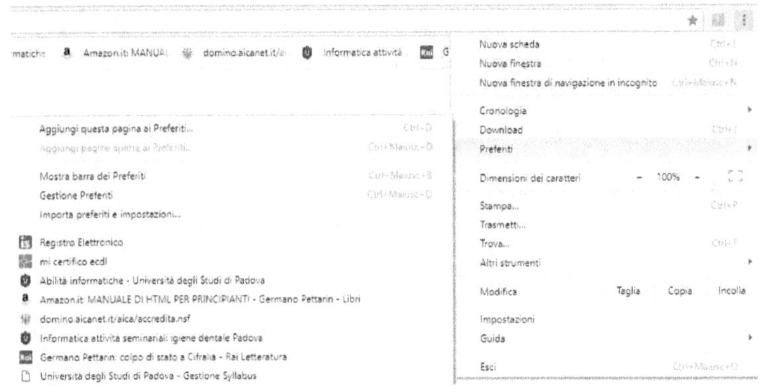

12.3. Come fare acquisti online

Un fenomeno che preso sempre più piede con lo sviluppo di internet è quello degli acquisti online. Quando si parla di acquisti on line si fa riferimento al termine "commercio elettronico" o "e-commerce", che indica espressamente l'atto di acquisto o di vendita di beni o servizi svolto mediante il computer.

In generale, il commercio elettronico può essere definito come una qualsiasi transazione effettuata per la vendita o l'acquisto di un prodotto o di un servizio, in cui i protagonisti interagiscono elettronicamente piuttosto che con scambi fisici e contatti diretti.

Un **acquisto online** si definisce diretto se tutte le fasi della transazione avvengono "online", ovvero sia l'ordine, sia il pagamento e la consegna avviene elettronicamente.
Fanno parte di questa categoria tutti i beni digitali, (quali software, dischi, canzoni o filmati in formato digitale) e tutti i servizi la cui fruizione avviene attraverso Internet (servizi di biglietteria, di scommesse, di giochi online, di banking), trasmissibili quindi attraverso la rete.

Un acquisto on-line si definisce invece indiretto, se la fase preliminare di ordine ed eventualmente anche il pagamento avvengono "online", ma il bene viene recapitato fisicamente al domicilio o alla sede dell'acquirente. Si tratta di beni tradizionali (come computer, accessori, libri, ecc.), la cui vendita sfrutta la forma elettronica per espandere i canali di vendita ed incrementare il numero delle vendite.
In questo caso verificare il buon esito di una transazione è molto più semplice, dal momento che la mancata ricezione del bene mostra chiaramente un qualche malfunzionamento.

Amazon è probabilmente il negozio online più conosciuto e apprezzato al mondo, offrendo al consumatore prodotti di ogni tipo, dall'elettronica all'abbigliamento, dai cd musicali ai libri. Ma ne esistono molti altri come ePrice, specializzato in prodotti informatici, film, dvd e prodotti per la casa; Privalia, uno dei migliori siti di acquisti online sull'abbigliamento; eDreams, uno dei migliori siti di acquisto online specializzato unicamente in viaggi e vacanze; Groupon, leader nella scontistica e nel settore dei gruppi di acquisto; E-bay, riferimento per le aste online, IBS specializzato in libri, musica, film e videogiochi, ecc.

Fare un acquisto online è semplice: si accede il sito e si esaminano i vari articoli proposti. Una volta trovato l'articolo desiderato lo si mette nel carrello "virtuale" e si procede al pagamento.

I pagamenti accettati dai "commercianti online" sono molto variegati: dal contrassegno al PayPal, dalla carta ricaricabile PostePay al vaglia postale.

Tutti i commercianti online spiegano le loro regole di pagamento in una apposita pagina. Non mandare mai soldi contanti infilati in una busta, neppure per raccomandata. Non c'è traccia del pagamento.

In particolare, i siti di acquisti online più famosi chiedono di creare un account gratuito e associare una carta di credito a quest'ultimo (va bene anche una carta prepagata). Ad esempio, per iscriverti ad Amazon collegati alla sua home page, posiziona il cursore del mouse sul pulsante Il mio account e seleziona la voce Nuovo cliente?

A questo punto, compila il modulo che ti viene proposto e fornisci tutte le informazioni richieste, ovvero nome, indirizzo email e password che vuoi usare per accedere allo store. Dopodiché clicca sul pulsante Crea account e il gioco è fatto!

Una volta creato l'account per Amazon, come accennato in precedenza, devi provvedere ad associare una carta di credito a quest'ultimo. Clicca quindi sul pulsante Il mio account, seleziona la voce Gestisci i tuoi metodi di pagamento dalla pagina che si apre e avvia la procedura guidata per l'aggiunta di una nuova carta di credito nel tuo profilo utente.

Una volta terminato hai un account Amazon e un mezzo attraverso cui pagare i tuoi acquisti online.

La merce disponibile su Amazon proviene da Amazon stessa e da altri rivenditori autorizzati. Per valutare la qualità di un oggetto, prima di cliccare sul pulsante d'acquisto, dai un'occhiata alle recensioni dei clienti e alla media delle stelline (ossia dei voti) collezionate dall'oggetto stesso.

Chiaramente con gli acquisti online c'è sempre il rischio di essere vittima di truffe online: ricevere della merce diversa da quella descritta, non riceverla proprio, fino al furto dei dati della carta di credito.

Ti diamo qualche consiglio per fare acquisti on-line con sicurezza.

Per fare acquisti online in sicurezza, devi innanzitutto verificare l'attendibilità degli e-commerce nei quali fai shopping. Verifica qualche riferimento riguardante il sito dal quale hai intenzione di comprare un determinato prodotto, come ad esempio il numero di partiva IVA, eventuali recapiti telefonici disponibili, un indirizzo fisico, la sede legale, ecc. Se un sito non esplica tali informazioni, probabilmente non vuole essere rintracciabile e potrebbe avere qualcosa da nascondere.

In ogni caso, ti suggerisco di acquistare su siti di e-commerce che sono famosi per la loro affidabilità e per le garanzie che offrono agli utenti, come Amazon, E Bay, IBS, oppure le versioni online delle catene di negozi fisici che già frequenti: ti offrono sicurezza nel pagamento, garanzie in caso di cambi e restituzioni e costi di spedizione abbordabili.

Controllare che il PC non sia infetto è estremamente importante per evitare di incappare in truffe online: è essenziale avere sempre un buon antivirus aggiornato all'ultima versione sul proprio PC.

Alcuni antivirus come AVG Antivirus Free o avast! Free Antivirus includono un software per il browser che controlla l'affidabilità dei link sui motori di.

Controlla che il tuo browser sia aggiornato all'ultima versione. Ogni giorno nascono nuove minacce per la tua sicurezza e vengono identificate vulnerabilità che rendono il tuo browser una potenziale porta d'ingresso per malintenzionati di ogni risma. Per questo è importante avere un browser sempre aggiornatissimo. Per controllare di avere l'ultima versione basta cliccare sul menu Aiuto o Informazioni del tuo browser e attendere che il programma controlli se ci sono update disponibili.

Non fare acquisti da dispositivi usati da altri utenti. Dal momento che i dispositivi dei tuoi familiari o quelli dei tuoi amici potrebbero ospitare dei malware e dei softwarespia, non fare acquisti online utilizzando i dispositivi di altri utenti perché potresti correre il serio pericolo di farti rubare dati strettamente personali come quelli relativi la tua carta di credito. Naturalmente questo discorso vale anche (anzi, soprattutto!) per i dispositivi messi a disposizione nei locali pubblici (scuole, biblioteche, Internet Point e via discorrendo).

Evita anche di fare acquisti su Internet quando sei collegato a reti Wi-Fi pubbliche, le quali sono notoriamente vulnerabili agli attacchi informatici.

Utilizzare metodi di pagamento sicuri: è importantissimo per evitare truffe riguardanti gli acquisti online. Pertanto cerca di utilizzare (ogni qual volta ti è possibile farlo) le carte prepagate o, ancor meglio, il pagamento tramite conto PayPal.

Conserva i dettagli dell'acquisto: in questo modo potrai provare di aver effettivamente pagato il venditore, qualora quest'ultimo dovesse affermare il contrario.

Controlla periodicamente il saldo della tua carta di credito o del tuo conto corrente: così facendo puoi notare subito movimenti "sospetti" e puoi bloccarli sul nascere. Alcuni istituti di credito, inoltre, offrono delle soluzioni atte a combattere i fenomeni delle truffe online. Contatta il tuo istituto di credito per verificare se sussiste la possibilità di beneficiare di uno di questi servizi.

Controlla l'importo delle spese di spedizione e i tempi di consegna e informati sul diritto di recesso: alcuni siti permettono di restituire i prodotti acquistati in qualsiasi negozio fisico e gratuitamente, altri includono il rimborso delle spese di spedizione in caso di recesso. Il tutto purché rispetti i tempi proposti per la restituzione (quasi sempre hai circa un mese di tempo).

Infine, al momento del pagamento controlla che la pagina abbia un URL che inizi con https e che compaia il simbolo di un lucchetto nella barra degli indirizzi o nella barra di stato. Cosa significa? Che le informazioni sul tuo browser durante la fase di pagamento vengono criptate e non rischiano di cadere nelle mani di spioni malintenzionati.

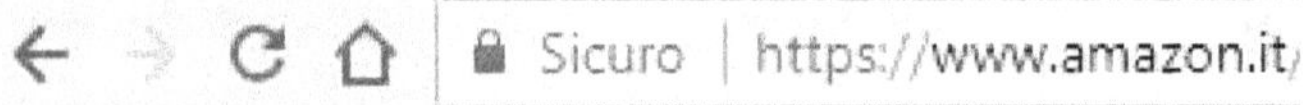

12.4. L'antivirus

Un antivirus è un software finalizzato a prevenire, rilevare ed eventualmente rendere inoffensivi codici dannosi e malware per un computer.

Il termine *Malware* è l'abbreviazione di "malicious software", software dannoso. Malware è un qualsiasi tipo di software indesiderato che viene installato senza un adeguato consenso. Lo scopo di un malware è creare danni al software (e hardware) del computer o ai dati dell'utente del pc: rovinare un sistema operativo, compromettere funzioni del computer, compiere, all'insaputa dell'utente, azioni illegittime con il computer (ad esempio, inviare e-mail dall'account di posta del pc o attaccare altri computer), prelevare o danneggiare i dati, modificare le connessioni, raccogliere vari tipi di informazioni personali, installare software all'insaputa, e reindirizzare ad altre pagine internet indesiderate, ecc.

Un malware si può introdurre in un computer in vari modi. In generale i malware si diffondono tra i pc sfruttando i metodi di comunicazione esistenti. Ogni sistema adatto a trasportare informazioni da un pc ad un altro è candidato a diventare sistema di infezione. È possibile infettare un computer attraverso una chiave USB, un cd o ogni altro strumento di memorizzazione rimovibile, oppure utilizzando le reti informatiche.

Attualmente i malware si diffondono soprattutto utilizzando le reti di computer, prima tra tutti internet, e la posta elettronica, sfruttando anche l'inesperienza di molti utenti e, nel caso delle mail, la curiosità. Gli utenti devono prestare attenzione soprattutto quando scaricano file e programmi da internet, soprattutto da siti poco conosciuti, e alle e-mail con allegati.

Per combattere il software maligno le aziende produttrici di software per la sicurezza hanno creato dei programmi appositi: gli *antivirus* e/o *antimalware*.

Esistono tanti antivirus, gratuiti o a pagamento, con diversi livelli di sicurezza e affidabilità.

Possiamo citare come antivirus gratuiti Bitdefender Antivirus Free Edition, la versione Free di AVG, Avira Free Antivirus e Avast Free Antivirus.

Ad esempio, vediamo le fasi di installazione di Avast free Antivirus.

. Per prima cosa accedi a Windows come utente con autorizzazioni di amministratore e verifica che nel PC non siano in esecuzione altre applicazioni o altri software antivirus;

. Vai sul sito dove scaricare il software Avast Free Antivirus e fai un clic sul pulsante Download gratuito.

. salvalo in una posizione intuitiva nel PC;

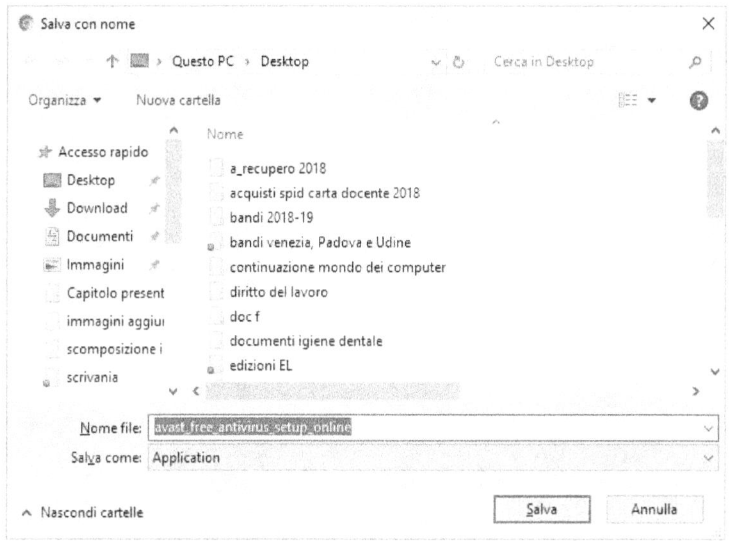

. fai clic con il pulsante destro del mouse sul file di installazione avast_free_antivirus_setup scaricato e scegli Esegui come amministratore dal menu di scelta rapida.

. il programma svolge il controllo della connessione alla rete;

. inizia il processo di installazione;

. attendi il completamento dell'installazione di Avast Free Antivirus nel PC;

. terminato il processo di installazione, fai clic su Continua nella schermata sotto il messaggio "Il sistema è protetto";

Il sistema è protetto

Avast Free Antivirus è appena stato installato sul tuo PC.

. leggi l'Informativa sulla privacy di Avast e fai clic su Continua;

. se viene richiesto di proteggere il dispositivo mobile, utilizza le relative opzioni in base alle esigenze o fai clic sulla frase che indica che non vuoi proteggere il cellulare;

. Avast Free Antivirus ora è installato nel PC e pronto all'uso;

. l'interfaccia utente di Avast è accessibile tramite l'icona di Avast sulla barra delle applicazioni di Windows o utilizzando l'icona di Avast Free Antivirus sul Desktop.

Le versioni più recenti di Windows, come Windows 10 e Windows 8.x, includono un antivirus "di serie" che si chiama Windows Defender.

Esistono anche antivirus che non si installano ma fanno il controllo del PC online. Ad esempio, VirusTotal è un servizio online che permette di scansionare qualsiasi tipo di file utilizzando i motori di oltre 50 antivirus contemporaneamente. Come facilmente intuibile non può sostituire un antivirus tradizionale, anche perché non controlla quello che accade sul PC, ma può tornare utile in quei casi in cui si ha bisogno di un "secondo parere" su dei file particolarmente sospetti.

A volte è offerta una versione base gratuita con la possibilità di ottenere, a pagamento, il programma completo di tutte le potenzialità.

Tutti prevedono la possibilità di effettuare una scansione manuale del software presente nel computer per la ricerca di virus. Al termine del processo, se non sono stati rilevati malware, appare il riepilogo degli elementi controllati.

In generale, tutti gli antivirus permettono tre tipi di scansione: con la scansione **Veloce** i virus sono cercati nei punti dove si nascondono più di frequente. Se si pensa che il computer sia infetto, nonostante la scansione veloce non abbia dato esito, si può eseguire la scansione **Completa**. In questo caso verranno controllati tutti i file del disco rigido e i programmi in esecuzione. Questo processo può durare alcune ore e le prestazioni del computer saranno rallentate. La scansione **Personalizzata** permette all'utente di scegliere i file da esaminare.

Se l'antivirus rileva del software dannoso, il più delle volte, interviene automaticamente per rimuoverlo e invia un messaggio di notifica all'utente. In altri casi segnala la presenza di software potenzialmente pericoloso e lascia all'utente la scelta dell'azione da intraprendere.

L'utente può *rimuovere* il file o *consentire* la sua presenza. Può, in alternativa, mettere l'elemento in **quarantena**. Il file viene spostato in un'altra posizione nel computer e non verrà eseguito fino a quando non verrà consentito o rimosso.

Ogni giorno vengono creati nuovi malware. Di conseguenza i produttori di software antivirus *aggiornano* le *definizioni* di questi programmi dannosi. Le definizioni di virus, spyware e altri tipi di malware non sono altro che dei file che sono utilizzati dal programma antivirus per rilevare il software dannoso.

Gli antivirus segnalano all'utente da quanto tempo non procede con gli aggiornamenti e permettono di scaricarli.

È importantissimo aggiornare con una certa frequenza l'antivirus per avere il computer protetto dalle nuove minacce. Per questo motivo, gli antivirus attuali prevedono l'aggiornamento in automatico.

I segreti svelati in questo capitolo

. Un motore di ricerca è un sito per mezzo del quale è possibile ricercare alcuni termini (parole) all'interno di una grande quantità di siti web. In seguito ad una ricerca, i motori di ricerca riportano una lista di siti che contengono i termini cercati.

. Con i comandi Indietro e Avanti puoi tornare alle pagine visualizzate in precedenza o alle pagine successive a quella che stai visualizzando.

. Con il pulsante con la casetta (home page) puoi per tornare alla pagina iniziale.

. Il pulsante con la piccola stella permette di memorizzare i siti preferiti.

. I siti di acquisto online permettono di accedere a negozi in rete, consultare i vari prodotti, acquistarli e farli recapitare a casa propria. Si deve stare attenti con questa tipologia di acquisto alle truffe che si possono incontrare. Ci sono vari accorgimenti per evitare inconvenienti di questo tipo. In particolare devi fare attenzione che, quando effettui il pagamento, nella barra degli indirizzi ci sia il simbolo del lucchetto. Indica che il sito è sicuro.

. Gli antivirus sono dei programmi che controllano se il tuo computer è stato infettato da qualche malware. Gli antivirus sono sempre in allerta quando il computer è attivo e fanno in automatico delle scansioni nelle memorie del pc.

. Esistono antivirus gratuiti e a pagamento. In ogni caso è importante aggiornare con frequenza l'antivirus in modo che sia sempre pronto a combattere i nuovi malware.

Domande

1. Quali di questi è un metodo adatto per proteggere chi svolge degli acquisti online?

a) Disattivare l'antivirus quando si effettua l'acquisto online
b) non controllare la sicurezza dei siti
c) Utilizzare siti sicuri per gli acquisti online
d) Pagare in contanti

2. Quale icona indica che un sito è sicuro?

a) L'icona di una stampante
b) L'icona di un lucchetto
c) L'icona di una piccola stella
d) L'icona con una X

3. Quale tra i seguenti non è un tipo di scansione antivirus?

a) Veloce
b) Completa
c) Statica
d) Personalizzata

4. Quale, tra i seguenti, è un vantaggio dell'e-commerce?

a) Qualità dei prodotti
b) Velocità di consegna del bene
c) Sicurezza nella procedura di acquisto
d) Rapidità nel confronto tra i prodotti

1 c; 2 b; 3 c; 4 d.

13. L'EMAIL

La posta elettronica o e-mail ovvero electronic-mail è uno dei più importanti servizi offerti in Internet.
La filosofia operativa della posta elettronica ricalca quella della posta tradizionale: esiste un messaggio da spedire a un destinatario da parte di un mittente ed entrambi hanno un indirizzo che li identifica.

Ma rispetto al servizio di posta tradizionale l'e-mail offre, come vedremo, molti vantaggi:

. Un messaggio può essere spedito contemporaneamente a più destinatari;

. Il costo è quello del collegamento ad Internet;

. Si possono allegare al messaggio altri documenti, immagini, suoni, programmi, ecc.;

. Nel computer del mittente è presente una copia dei messaggi inviati;

. Se il messaggio, per qualche motivo, non può giungere a destinazione, si ha una immediata notifica del mancato recapito;

. Si può costruire una rubrica elettronica di destinatari.

13.1. Come attivare un'email

La condizione fondamentale affinché il mittente e il destinatario possano scambiarsi dei messaggi con la posta elettronica è che posseggano entrambi un proprio indirizzo di posta elettronica, fornito dal provider: come avevamo già visto, il provider o ISP, acronimo di Internet Service Provider (Provider di Servizi Internet), è una società, un ente, un'azienda che fornisce l'accesso ad Internet.

Tutti hanno un proprio sito Internet dove è possibile effettuare l'abbonamento per poter navigare ed avere un proprio indirizzo di posta elettronica. Questo indirizzo deve essere diverso da utente a utente, deve cioè identificare univocamente l'utente, esattamente come l'indirizzo della posta tradizionale.

L'indirizzo e-mail è una specie di casella postale dove vengono conservati i messaggi elettronici che ci vengono spediti: in pratica il provider al quale sei abbonato utilizza una parte della memoria dei suoi computer per conservare i messaggi che ti vengono spediti: quindi, ogni volta che arriva un messaggio destinato a te, viene automaticamente memorizzato in questa parte di memoria.
I messaggi rimangono lì, come in una casetta della posta.

Fino a quando?
Fino a quando non ti colleghi ad Internet e attivi il programma di gestione della posta. Questo programma controlla se ci sono dei messaggi in questa zona di memoria e li "scarica" nella memoria del tuo pc nel caso della posta off line. Nel caso della posta on line potrai accedere alla zona di memoria riservata a te per leggere, rispondere, cancellare i messaggi.

Com'è fatto un indirizzo e-mail?
Un indirizzo e-mail ha un aspetto simile al seguente:
nomeutente@nomeprovider.suffisso

La parte alla sinistra del simbolo @ è il nome che identifica l'utente all'interno del sistema informatico del provider che lo ospita. Questa parte deve essere diversa da utente ad utente, all'interno del sistema informatico, perché deve identificarlo in modo univoco: in pratica non possono esserci due persone che hanno lo stesso indirizzo germano.pettarin@provider.it, altrimenti non si saprebbe a quale dei due è destinato un messaggio con quel destinatario.

Il simbolo @ (at) significa, in inglese, "presso" proprio per specificare presso quale fornitore di servizi Internet l'indirizzo si trova.

La parte alla destra del simbolo @ indica, sempre in modo univoco, il sistema informatico presso il quale l'utente è ospitato all'interno della rete Internet. Questa sezione è costituita da due parti separate da un punto.
La parte alla sinistra del punto identifica il fornitore del servizio di posta.

La parte alla destra è un suffisso di due lettere che specifica il Paese del fornitore: alcuni esempi sono indicati nella tabella.

Suffisso	Nazione
at	Austria
be	Belgio
br	Brasile
ca	Canada
es	Spagna
fr	Francia
jp	Giappone
mx	Messico
it	Italia
nl	Paesi Bassi
es	Spagna
us	Stati Uniti d' America
uk	Regno Unito

In alcuni casi, ad esempio per la posta elettronica di organizzazioni aziendali, il suffisso potrebbe essere di tre caratteri indicante, di solito, il tipo di organizzazione. Ecco alcuni esempi:

Suffisso	Tipo di organizzazione
com	Commerciale
edu	Istituzione educativa
gov	Ente o dipartimento governativo
int	Organismo internazionale
mil	Militare

13.2. Come usare l'email: es. Gmail

Vediamo come creare un proprio accesso alla posta elettronica (*account*) ad uno dei servizi di mail on line più diffusi: Gmail, la posta elettronica di Google.

Apri il browser e vai alla pagina di Google digitando nella barra dell'indirizzo www.google.it. Le immagini e le spiegazioni di questo testo sono indicative, dato che le pagine Web degli operatori della rete sono in continua evoluzione. Le spiegazioni e le immagini successive potrebbero non essere perfettamente aderenti a quello che appare attualmente sul tuo video. La modalità operativa rimane comunque valida e puoi facilmente orientarti nel percorso proposto.

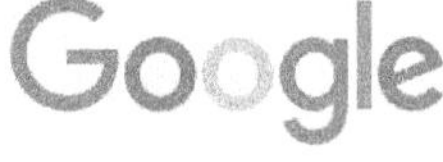

Clicca sul link "Gmail" in alto nella pagina. Arriverai ad una pagina simile alla seguente:

Inserisci le informazioni che vi vengono richieste. Fai attenzione ad "inventarti" un nome di accesso (username) che non sia già presente.

Tale nome verrà utilizzato per l'autenticazione con il provider tutte le volte che ti collegherai alla posta; il nome viene completato con "@gmail.com".

Queste due parti formeranno il tuo indirizzo di posta elettronica.

Fai attenzione alla password che vuoi utilizzare. È il tuo codice segreto di accesso alla rete. Devi inserirla due volte, per evitare inconvenienti dovuti ad errori di battitura. Inoltre, è consigliabile che non sia banale (come il proprio cognome) e sufficientemente lunga, altrimenti potrebbe essere "indovinata" facilmente. Si consiglia di utilizzare sia caratteri che numeri.

Sono consentiti: lettere maiuscole (A...Z) e minuscole (a...z), numeri (0...9), i caratteri punto, trattino e underscore (. - _).

Nel modulo ci sono delle informazioni "facoltative" da inserire (utilizzate come dati statistici dal provider), e impostazioni di sicurezza, come la domanda segreta.

In molti moduli c'è la verifica visiva in fase di registrazione: in pratica si vuole controllare che il modulo sia compilato da una persona fisica e non con programmi automatici della concorrenza per intasare il servizio con account falsi. L'utente vede un'immagine di un testo e deve riportarlo esattamente nella casella.

A seguire ci sono le condizioni generali del contratto e il consenso al trattamento dei dati personali. Leggi sempre attentamente qualsiasi contratto e condizione che ti viene proposto, per evitare spiacevoli sorprese in futuro. In questo caso dopo avere letto termini e condizioni, per ottenere l'abbonamento dovrai esplicitamente accettarle.

Se non esiste già uno username uguale al tuo, dopo alcune verifiche di controllo, la procedura di iscrizione è terminata e avrai una pagina riassuntiva dei dati inseriti e alcune informazioni utili per l'eventuale configurazione del computer. Sarebbe consigliato stampare e conservare tale pagina in luogo sicuro in quanto è visibile la password che avete scelto in precedenza. Tale informazione dovrebbe essere riservata e conosciuta solo da te.

Una volta creato l'account su Gmail, iniziamo ad utilizzare il servizio. Prepariamo (e spediamo) un primo messaggio. Chiaramente devi avere a disposizione un indirizzo e-mail a cui spedire il messaggio.

Anche in questo caso, le immagini potrebbero essere diverse da quelle del tuo browser per i continui aggiornamenti dei siti.

In generale, nella finestra si trovano questi elementi.

1.   L'elenco delle cartelle che contengono i messaggi:

a.   **Posta in arrivo** contiene la posta che è stata ti è stata spedita.

b.   **Posta inviata** contiene una copia dei messaggi inviati.

c.   **Bozze** contiene le bozze dei messaggi, cioè i messaggi che devono essere ancora completati prima di essere spediti.

2.   Il pulsante **Scrivi** per comporre un nuovo messaggio.

3.   La **Barra degli strumenti**: questa barra è costituita da pulsanti (Seleziona, Archivia, Elimina, sposta in, ecc.) che effettuano operazioni sui messaggi. L'icona rappresenta l'azione collegata. In ogni caso, per sapere quale operazione esegue uno specifico pulsante, basta posizionare il puntatore del mouse sopra il pulsante e aspettare (senza fare clic) qualche secondo fino a quando appare la descrizione. Ad esempio il pulsante **Elimina** (🗑) permette di cancellare i messaggi selezionati.

Per vedere il contenuto delle cartelle basta selezionarle: i messaggi al loro interno saranno visualizzati nel riquadro sulla destra.

Ad esempio i messaggi cancellati sono contenuti nel **Cestino**.

Se un messaggio è in grassetto significa che non è stato ancora letto. Un messaggio è letto se viene aperto con un clic, In questo caso non appare più in grassetto.
Quando apri Gmail, il programma va a cercare sul server della posta i messaggi presenti nella tua casella di posta elettronica e li scaricherà nella cartella Posta in arrivo.

La parte iniziale del contenuto del messaggio appare in grigio, dopo l'oggetto. Puoi selezionare più messaggi spuntando la rispettiva casella per effettuare delle azioni comuni su essi (come eliminarli, spostarli in un'altra cartella, ecc.)

Se il messaggio contiene file allegati, fai clic sull'icona con la graffetta che appare alla destra del messaggio.
Una volta individuati gli elementi fondamentali della finestra di Gmail, vediamo come si effettua una delle operazioni fondamentali: comporre un nuovo messaggio. Fai un clic sul pulsante Scrivi. Appare una nuova finestra con un messaggio vuoto.

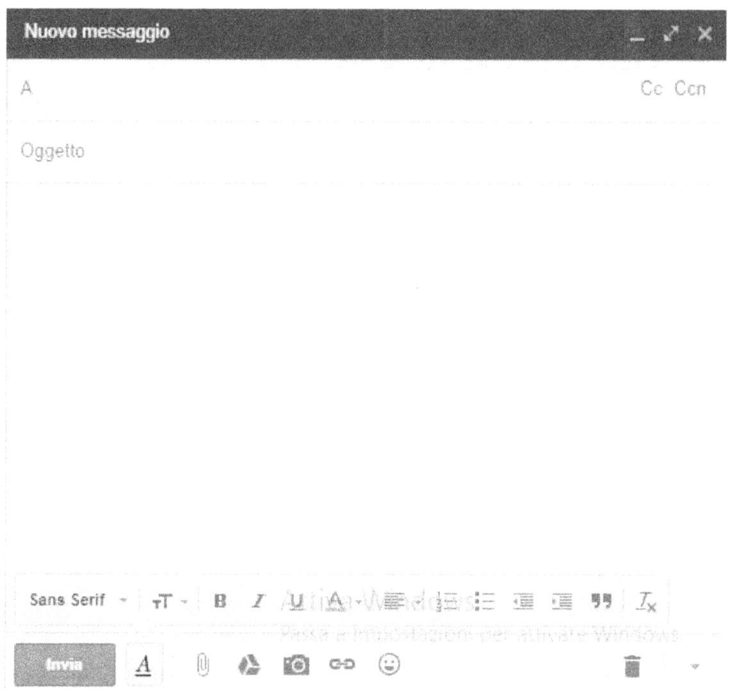

La prima casella nella parte superiore della finestra, la casella A, serve ad indicare a chi inviare il messaggio, cioè il destinatario. In questa casella devi scrivere l'indirizzo e-mail del destinatario. Puoi anche scrivere più indirizzi, separandoli con una virgola o un punto e virgola.

Se fai un clic sui link Cc e Ccn appaiono due nuove caselle. La casella **Cc** permette di inserire ulteriori destinatari ma di tipo diverso: sono i destinatari per conoscenza, cioè che riceveranno il messaggio inviato al destinatario principale, specificato nella casella A per conoscenza. Nella pratica non cambia nulla; tutti i destinatari ricevono il messaggio. Ma da un punto di vista formale quelli della casella A sono i destinatari principali, quelli della casella Cc lo sono solo per conoscenza.

La casella **Ccn** permette di inserire indirizzi di persone che riceveranno il messaggio come *copia nascosta*, cioè senza che il loro indirizzo sia visibile agli altri destinatari. È utile se non si vuol far vedere ai destinatari gli altri indirizzi che hanno ricevuto questo messaggio.

Molto importante è la casella **Oggetto**, dove si indica l'oggetto, l'argomento del messaggio. Nel caso della posta elettronica specificare l'oggetto sarà molto più importante rispetto ad una lettera normale perché sarà la prima cosa che il destinatario vedrà (assieme al nome del mittente) al momento della ricezione del messaggio.

A questo punto non resta che scrivere il contenuto del messaggio nello spazio bianco sottostante l'oggetto.

Una delle funzionalità più importanti del programma di posta elettronica è la possibilità di allegare al messaggio qualunque tipo di file presente nel PC. È questo è uno dei grandi vantaggi della posta elettronica rispetto alla posta tradizionale. I file allegati possono essere file di testo, immagini, suoni, filmati e tutti gli altri e allo stesso messaggio possono essere allegati più file.

Nota. Attenzione alle dimensioni degli allegati. Potrebbe rallentare il caricamento e lo scaricamento della posta.
Per allegare un file basta fare un clic sul link a forma di graffetta. Verrà visualizzata la finestra per selezionare il file da allegare al messaggio.

Una volta completato il messaggio si può inviarlo con il pulsante **Invia**. Gmail ritorna alla finestra iniziale.

Per rispondere ad un messaggio, presente nella Posta in arrivo, lo devi aprire.

Alla destra appare un pulsante con una freccetta per rispondere. Apparirà un messaggio di risposta indirizzato al mittente del messaggio.

Il menù di questo pulsante ha varie voci: se il messaggio ha altri destinatari, con **Rispondi a tutti** puoi rispondere a tutti contemporaneamente. Con **Inoltra** puoi inoltrare un messaggio ricevuto ad altri destinatari, ad esempio per far leggere un messaggio ricevuto ad un'altra persona.

La **Rubrica** permette di memorizzare tutti i dati dei nostri corrispondenti, evitando di dover ricordarsi a memoria gli indirizzi e-mail, che molto spesso sono sigle complicate, comprensibili solo dal suo proprietario.

263

Per accedere alla Rubrica fai un clic sulla voce Contatti nel menu del pulsante Posta.

Appare la finestra che visualizza tutti i contatti presenti nella Rubrica, con il loro indirizzo e-mail.

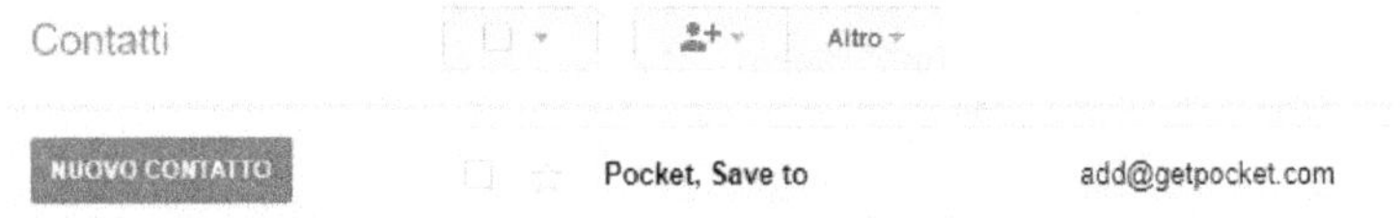

Premi il pulsante NUOVO CONTATTO per inserire un contatto nella Rubrica. Appare una finestra formata da varie caselle, proprio come un indirizzario cartaceo.

Nelle caselle si possono specificare i dati del contatto. Le informazioni essenziali da memorizzare sono il Nome (che apparirà nell'elenco della Rubrica in ordine alfabetico) e il relativo Indirizzo e-mail.

I segreti svelati in questo capitolo

.   Un indirizzo e-mail ha un aspetto del tipo: *nomeutente@nomeprovider.suffisso*. La parte alla sinistra del simbolo @ è il nome che identifica l'utente. La parte alla destra del simbolo @ indica il fornitore del servizio di posta e il Paese del fornitore o il tipo di organizzazione.

.   La password che utilizzi con il tuo account di posta elettronica è il tuo codice segreto di accesso alla rete. Stai attento che non sia banale e facilmente intuibile da terzi. Puoi usare: lettere maiuscole (A...Z) e minuscole (a...z), numeri (0...9), i caratteri punto, trattino e underscore (. - _).

.   Quando componi un messaggio nella casella A scrivi l'indirizzo e-mail del destinatario. Nella casella Cc inserisci i destinatari per conoscenza, nella casella Ccn gli indirizzi che riceveranno il messaggio come copia nascosta.

. Si può allegare al messaggio qualunque tipo di file presente nel PC. Per allegare, fai un clic sul pulsante a forma di graffetta.

. Puoi rispondere contemporaneamente a tutti i destinatari di un messaggio con il comando **Rispondi a tutti**. Con **Inoltra** puoi mandare il messaggio ad altri destinatari.

. La Rubrica permette di memorizzare gli indirizzi e-mail dei nostri corrispondenti, senza doverli imparare a memoria.

Domande

1. Quale tra i seguenti è un indirizzo di posta elettronica valido?

a) www.nomeutente.it
b) nomeutente.provider.it
c) nomeutente@provider.it
d) nomeutente/provider.it

2. L'elenco dei propri contatti è memorizzato:

a) nella rubrica
b) nella posta in arrivo
c) nella posta in uscita
d) nel server del provider

3. I destinatari di un messaggio di posta elettronica possono essere più di uno?

a) No
b) Sì
c) al massimo due: uno da inserire nella casella A. L'altro nella casella Cc
d) Solo se non ci sono allegati

4. Cosa contiene la cartella Posta inviata?

a) una copia dei messaggi già spediti
b) i messaggi da spedire
c) i messaggi arrivati e non ancora letti
d) i messaggi ad alta priorità

5. Il pulsante Inoltra della barra degli strumenti permette di

a) inoltrare un messaggio ricevuto a un'altra persona
b) rispondere al mittente
c) memorizzare il messaggio per un uso successivo
d) rispondere a tutti i destinatari del messaggio

6. Quando si inoltra un messaggio, sono inviati anche tutti i file allegati nel messaggio inoltrato?

a) si
b) no
c) solo il primo allegato
d) dipende dalla dimensione degli allegati

7. L'opzione Rispondi a tutti permette di:

a) inoltrare il messaggio ricevuto ad un'altra persona
b) spedire un messaggio di risposta solo al mittente
c) spedire un messaggio di risposta al mittente e a tutti gli altri destinatari del messaggio a cui stiamo rispondendo
d) spedire un messaggio a tutti i contatti della rubrica

Soluzioni

1 c; 2 a; 3 b; 4 a; 5 a; 6 a; 7 c.

Esercizio

1. Inserisci nella rubrica tre nuovi contatti relativi ad amici.

2. Crea un nuovo messaggio.

3. Inserisci come destinatario (casella A) l'indirizzo del primo amico.

4. Inserisci come destinatario per conoscenza (casella Cc) l'indirizzo del secondo amico.

5. Inserisci come destinatario per conoscenza nascosta (Ccn) l'indirizzo del terzo amico.

6. Inserisci nella casella oggetto la parola "Importante".

7. Scrivi, come testo del messaggio, "messaggio con allegato".

8. Allega un qualunque file al messaggio

9. Invia il messaggio

14. I SOCIAL NETWORK

Con comunità virtuale si intende delle persone riunite via Internet per valori o interessi comuni. Ad esempio, una passione, un divertimento o un mestiere o semplicemente per cercare nuove conoscenze.

I siti che ospitano comunità virtuali cercano di mettere a disposizione dei propri iscritti quanti più strumenti gratuiti possibili per comunicare: permettono di creare le proprie pagine personali, danno la possibilità di inviare messaggi gratuiti, hard disk virtuali on-line e quant'altro necessario per attirare l'attenzione e l'interesse.

Tra le comunità virtuali più note ci sono i Social Network. I Social Network possono essere considerati come il passo successivo ai blog per esprimere la propria identità digitale nella rete: comunicare e condividere la propria vita, con persone dello stesso luogo o con persone da altre parti del mondo.

Lo scopo dichiarato di un social network è quello di mettere persone in contatto e far nascere relazioni: offrono la possibilità di creare una propria pagina web, con una struttura predefinita, dove inserire un profilo personale.

In questa pagina si può raccontare qualcosa di proprio, avere uno spazio gratuito per pubblicare link, immagini, musica video e utilizzare tutte le modalità comunicative della rete (forum, chat, inserimento di testi ed immagini, condivisione di foto/video, e-mail, Instant Messaging, ecc.) in un unico ambiente.

È possibile ricercare persone specificando dei criteri e ci sono comunità o sottogruppi basati su particolari interessi comuni.

I social network hanno completamente rivoluzionato il nostro modo di condividere contenuti con altre persone e di entrare in contatto con nuovi utenti. Per utilizzare i social network tutto ciò di cui si ha bisogno è una connessione ad internet attiva e funzionante ed un computer, uno smartphone oppure un tablet.

14.1. Come farsi un profilo social su Facebook

Oggigiorno avere un proprio profilo su Facebook è estremamente importante per poter restare in contatto con amici, parenti e colleghi a prescindere dalla location geografica nella quale ci si trova.
Se vuoi creare profilo Facebook la prima cosa che devi fare è collegarti subito alla pagina iniziale del social network.

Una volta visualizzata la pagina Web procedi andando a compilare i campi Nome, Cognome, E-mail o numero di cellulare e Nuova password immettendo le informazioni richieste. Indica poi la tua data di nascita e specifica il tuo sesso spuntando la relativa casella. Infine fai clic sul pulsante verde Iscriviti.

Ti verrà chiesto di confermare l'account con il codice inviato alla mail o al cellulare che hai indicato.

Sei riuscito a creare il tuo profilo Facebook. Ti verranno tutta una serie di passaggi necessari per completare ed utilizzare al meglio il tuo account.

Puoi aggiungere alcuni potenziali tuoi amici iscritti a Facebook e con i quali sei già in contatto su Skype, Outlook.com, Yahoo! oppure mediante un altro servizio di posta elettronica. Se è tua intenzione trovare i tuoi amici su Facebook così come proposto dal social network pigia sulla voce "Trova amici" corrispondente al servizio che desideri sfruttare e disponibile tra quelli proposti. Successivamente immetti i dati richiesti negli appositi moduli e poi fai clic sul pulsante blu Trova amici. Seleziona poi gli amici che desideri aggiungere tra quelli trovati e poi pigia sul pulsante Avanti.

Se la cosa non ti interessa puoi passare direttamente al passaggio successivo pigiando sulla voce Avanti e poi facendo clic sul pulsante Salta passaggio.

Per impostare un'immagine per il tuo profilo. Per fare ciò ti basta pigiare sul pulsante di colore verde Aggiungi immagine in modo tale da poter selezionare una foto che ti rappresenti direttamente dal tuo computer.

A questo punto ti verrà mostrata la pagina Web relativa al tuo profilo Facebook appena creato.

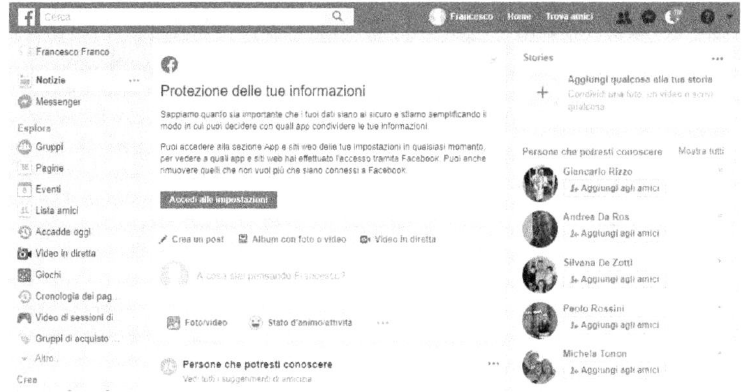

Cerca
Francesco   Home   Trova amici
Francesco Franco
Notizie
Messenger
Esplora
Gruppi
Pagine
Eventi
Lista amici
Accadde oggi
Video in diretta
Giochi
Cronologia dei pag...
Video di sessioni di
Gruppi di acquisto ...
Altro
Crea
Protezione delle tue informazioni
Sappiamo quanto sia importante che i tuoi dati siano al sicuro e stiamo semplificando il modo in cui puoi decidere con quali app condividere le tue informazioni.
Puoi accedere alla sezione App e siti web delle tue impostazioni in qualsiasi momento, per vedere a quali app e siti web hai effettuato l'accesso tramite Facebook. Puoi anche rimuovere quelli che non vuoi più che siano connessi a Facebook.
Accedi alle impostazioni
Crea un post   Album con foto o video   Video in diretta
A cosa stai pensando Francesco?
Foto/video   Stato d'animo/attività
Persone che potresti conoscere
Vedi tutti i suggerimenti di amicizia
Stories
Aggiungi qualcosa alla tua storia
Condividi una foto, un video o scrivi qualcosa
Persone che potresti conoscere   Mostra tutti
Giancarlo Rizzo
Aggiungi agli amici
Andrea Da Ros
Aggiungi agli amici
Silvana De Zotti
Aggiungi agli amici
Paolo Rossini
Aggiungi agli amici
Michela Tonon
Aggiungi agli amici

14.2. Come farsi un profilo social su Instagram

Instagram è un famosissimo social network sul quale gli utenti possono condividere foto e video realizzati con il proprio smartphone o altro apparecchio digitale.
Per creare un profilo Instagram, vai al sito di Instagram.

Puoi scegliere se registrarti ad Instagram utilizzando il tuo indirizzo email, il tuo numero di telefono o il tuo account Facebook. Se vuoi iscriverti tramite email o numero di cellulare, fai clic sulla voce Numero di cellulare o indirizzo e-mail. Digita il tuo nome completo, il nome utente e la password che vuoi usare per accedere a Instagram.

Successivamente puoi impostare una foto per il tuo profilo pubblico e scegliere quali account seguire sfruttando i suggerimenti che trovi in basso.

Se vuoi, puoi anche cercare le foto di tuo interesse utilizzando la barra di ricerca collocata in alto al centro e visualizzare i contenuti più popolari del momento cliccando sull'icona della bussola situata in alto a destra.

Se decidi di accedere a Instagram tramite Facebook, fai clic sull'apposito pulsante, autorizza l'accesso del servizio al tuo account e imposta foto del profilo e nome utente come spiegato precedentemente per la procedura di iscrizione tramite email o numero di telefono.

14.3. Come farsi un profilo social su LinkedIn

LinkedIn è un sito di social networking utilizzato per scopi professionali. Puoi usarlo per connetterti alla tua rete professionale esistente, così come per espandere la tua rete con le connessioni secondarie e terziarie attraverso quelle che già conosci. Non ha tutti i fronzoli che gli altri siti di social networking hanno, ma funziona bene per servire il suo scopo principale. Una volta creato il proprio account LinkedIn, è possibile iniziare a espandere i propri orizzonti professionali.

Per creare un account LinkedIn devi accedere all'indirizzo www.linkedin.com.

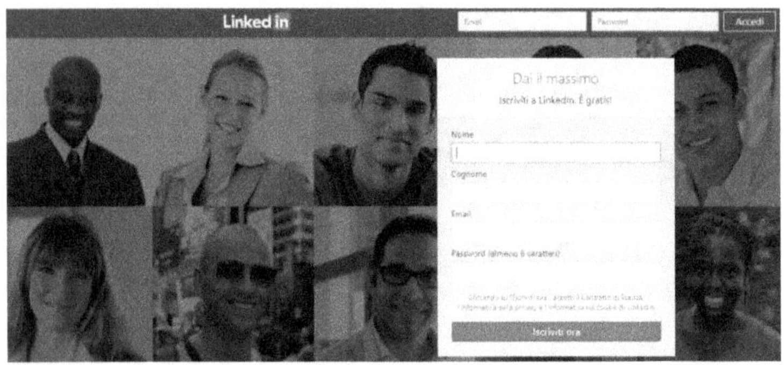

Registrati con nome, email e password, in modo simile ai casi precedenti.

Una volta registrato, puoi accedere a LinkedIn inserendo le tue credenziali in alto a destra.

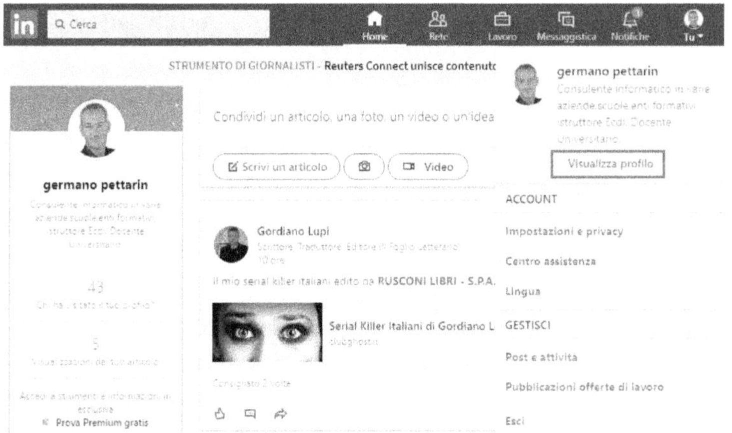

A questo punto, puoi Modifica il tuo profilo. È un'operazione semplice, non hai bisogno di conoscenze particolari per farlo. Inserisci una descrizione, il campo d'occupazione, e una foto di te.

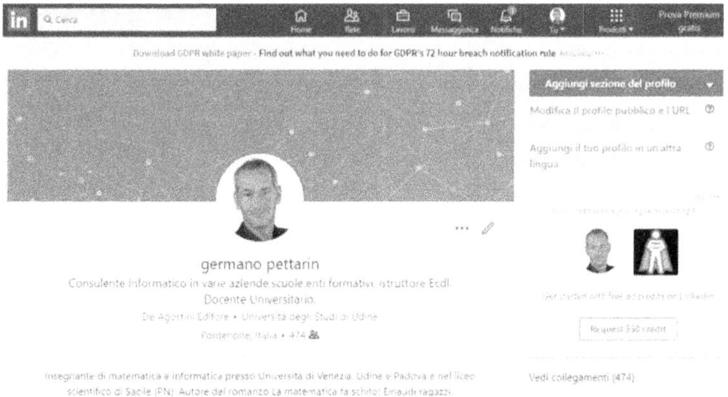

Modifica le tue qualifiche. Aggiungi il tuo impiego attuale e quelli passati così come la tua educazione. Assicurati di includere le descrizioni dei lavori passati e le lauree ottenute - in questo modo, le persone saranno in grado di vedere più chiaramente le tue esperienze e sapere per cosa contattarti.

LinkedIn può anche inviarti suggerimenti di lavoro se hai fornito dettagli sufficienti.

Puoi unirti ad alcuni dei gruppi gestiti dai membri di LinkedIn che si concentrano sulle aree di tuo interesse.

È possibile incontrare un sacco di importanti persone attraverso questi gruppi, così come condividere idee, commenti e tenere eventi online insieme.

I segreti svelati in questo capitolo

. Facebook è il social network più conosciuto per poter restare in contatto con amici, parenti e colleghi.

. Instagram è un social network che permette agli utenti di scattare foto, applicarvi filtri, e condividerle in rete.

. LinkedIn è un social network utilizzato per scopi professionali.

Domande

1. Quale tra questi è un sito di social networking prevalentemente utilizzato per scopi professionali?

a) Facebook
b) Tik Tok
c) LinkedIn
d) Instagram

2) Quale tra questi è un sito di social networking basato principalmente su foto?

a) Facebook
b) X
c) LinkedIn
d) Instagram

3) Quale tra questi è un sito di social networking dove inserire messaggi al massimo di 280 caratteri?

a) Facebook
b) X (ex Twitter)
c) LinkedIn
d) Instagram

4) Quale tra questi è il social network più storico e popolare?

a) Facebook
b) X
c) LinkedIn
d) Instagram

Soluzioni

1 c; 2 d; 3 b; 4 a.

15. PARLIAMO DI SOFTWARE

Nei capitoli precedenti abbiamo visto le principali caratteristiche dell'hardware di un computer. Ma un computer, per poter funzionare, ha bisogno anche della componente software. Quindi:
Per hardware si intende i materiali di cui è costituito un calcolatore: HARD= RIGIDO, DURO WARE= MATERIALE. Sono il Monitor, video, tastiera, floppy, hard disk, mouse, stampante, ecc.

Per software si intende l'insieme dei programmi che possono operare sul calcolatore, cioè la componente logica di un elaboratore, in contrapposizione alla parte fisica, l'hardware. Puoi paragonarlo al carburante che alimenta un'automobile.

Il software di un computer viene normalmente suddiviso in due categorie:

1. **Software di base**: dedicato alla gestione delle funzioni elementari dell'elaboratore; tale software lavora direttamente sul livello fisico (hardware) della macchina;

2. **Software applicativo**: dedicato alla realizzazione di particolari esigenze dell'utente e che riesce ad agire sull'elaboratore solo con il tramite del software di base.

La struttura logica gerarchica del software è la seguente:

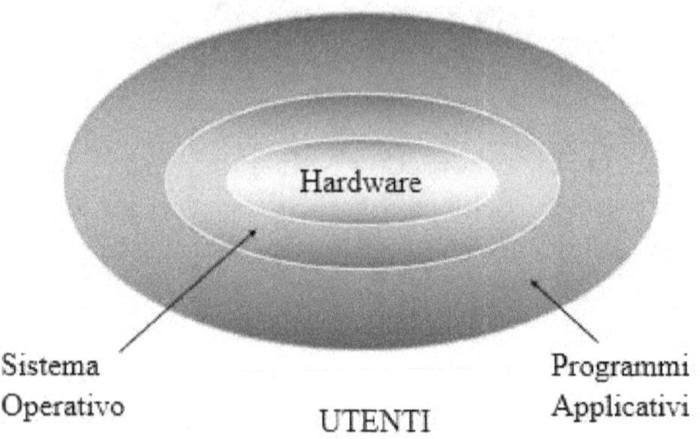

Il sistema operativo è Windows per intenderci (o Mac Os, o Linux, ecc.).

Un programma applicativo è un programma come Word, Excel, PowerPoint, ecc., cioè un programma adatto a svolgere un preciso compito: scrivere un testo, realizzare un grafico, creare una presentazione, ecc.

Il sistema operativo fa da tramite, da ponte, tra il programma applicativo e la parte hardware: ad esempio, quando da Word si avvia una stampa è Windows che si prende carico di gestire le operazioni. Quando si salva un file da Excel è Windows che si occupa di sistemarlo nella memoria, ecc.

16. I PROGRAMMI ESSENZIALI

Vediamo ora i concetti fondamentali di tre programmi applicativi. Un programma di video scrittura (Word), un foglio di calcolo (Excel), un programma di presentazione (PowerPoint).

Fanno parte della suite Microsoft Office, la più diffusa. In realtà ogni pacchetto software, per i comandi essenziali, è praticamente equivalente.

16.1. Come usare Word

All'apertura di Word specifica che vuoi iniziare con un nuovo documento vuoto, che appare come in figura.

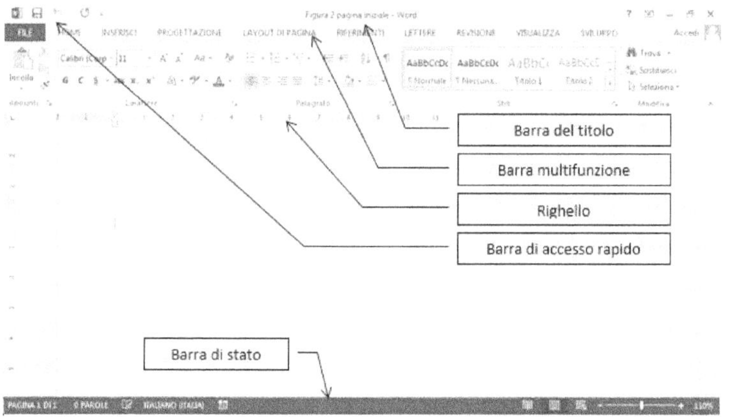

Barra del titolo: al centro è visualizzato il nome del documento su cui sta lavorando, seguito dal nome del programma. in questa barra appare, sulla sinistra, la **Barra di**

accesso rapido che consente di accedere direttamente alle funzioni che si usano con maggiore frequenza.

In questa barra sono presenti i pulsanti comuni a tutti i programmi Office: **Salva** (⊟), **Annulla**, per annullare l'ultima operazione eseguita e **Ripristina**, per tornare sui propri passi dopo aver annullato una operazione. Il pulsante con la freccia permette di aggiungere altri pulsanti a questa barra. A destra sono presenti i pulsanti per accedere alla Guida in linea (icona **?**), per minimizzare e ripristinare la Barra multifunzione, di riduzione a icona (**_**), ingrandimento/riduzione in basso (□,⊟), chiusura (**✕**). In particolare per nascondere la Barra multifunzione basta fare doppio clic sul nome della scheda attiva. Per ripristinarla, fare nuovamente doppio clic su una scheda.

Barra multifunzione: mostra i comandi di utilizzo frequente. È suddivisa in varie schede (Home, Inserisci, Layout di pagina, ecc.). Con un clic sulla scheda appaiono le rispettive icone che permettono di attivare le operazioni tipiche dell'elaborazione del testo: cambiare la dimensione e lo stile dei caratteri (testo più grande, più piccolo, di tipo diverso, **in grassetto**, *in corsivo*, ecc.), modificare l'impaginazione di un paragrafo, aggiungere un elenco numerato, inserire una tabella, effettuare il controllo ortografico, ecc.

I diversi comandi sono suddivisi in gruppi. Il nome del gruppo è riportato sull'ultima riga della bara multifunzione. Ad esempio la scheda Home ha il gruppo Appunti, Carattere, Paragrafo, ecc.

Nell'angolo in basso di alcuni gruppi è presente un pulsante, formato da un quadratino con all'interno una freccia rivolta verso il basso per accedere a tutte le funzioni del gruppo.

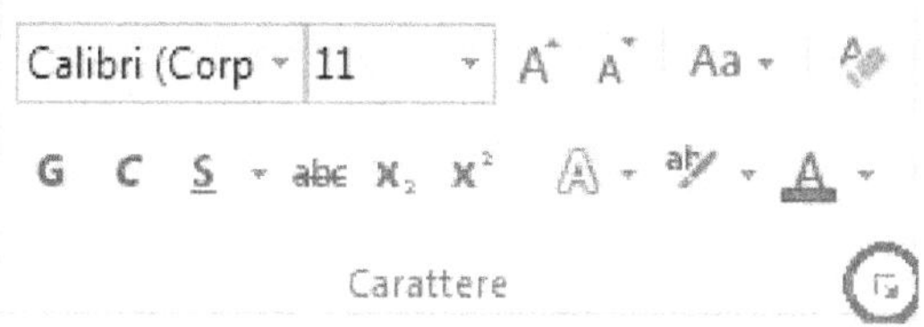

Per sapere quale operazione esegue uno specifico pulsante, basta posizionare il puntatore del mouse sopra il pulsante e aspettare (senza fare clic) qualche secondo fino a quando appare la descrizione.

Righello: il righello indica la lunghezza della riga di testo. Permette di capire visivamente a che punto del documento ci si trova e di impostare le tabulazioni. Normalmente, per un foglio formato A4 (di lunghezza 21 cm), sono impostati 2 cm di margine sinistro e di margine destro: quindi una riga di testo è lunga 17 cm. I rientri sinistro e destro del righello indicano quindi dove inizia (0 cm) e dove finisce (17 cm) la riga di testo. Il comando per visualizzare il righello è nel gruppo **Mostra** della scheda **Visualizza**.

Barra di stato: la Barra di stato fornisce informazioni sul documento visualizzato al momento come il numero di pagina, quante pagine ci sono nel documento, quante parole sono presenti, ecc.
Vediamo ora gli elementi fondamentali per scrivere un testo. Nella parte centrale della finestra di Word si trova un'area vuota che vuole rappresentare un foglio bianco. Una barra lampeggiante (|) indica il punto dove scrivere il testo.

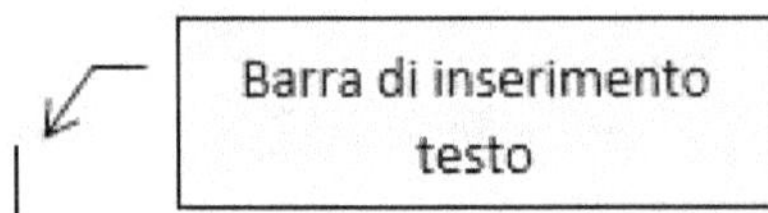

Per inserire del nuovo testo basta scriverlo usando i tasti alfanumerici. Word riporta quello che viene digitato e va a capo in modo automatico quando si arriva al margine destro del testo. Si può scrivere il testo su più righe usando il tasto INVIO. In questo modo si inserisce un nuovo paragrafo.

Si deve specificare che per Word:

. un carattere è quello che compare con una battuta di tastiera;

. una parola è un qualunque l'insieme di caratteri contenuti fra due spazi. Quindi una parola può essere formata da una sola lettera o da un insieme infinito di lettere;

. un paragrafo è tutto quello che viene scritto fino a quando si preme il tasto INVIO. Quindi, con un invio si crea un nuovo paragrafo. Se fai INVIO tra due parole crei due paragrafi: cancellando l'INVIO si tornano ad unire i paragrafi. Talvolta è necessario andare a capo senza terminare il paragrafo per non modificare la formattazione.

In questo caso premere il tasto SHIFT+INVIO; non viene inserito il segno di fine paragrafo, ma solo il segno di interruzione di riga.

Si può aggiungere del testo a una parte già scritta o modificare quello già scritto: è sufficiente posizionarsi con il cursore del mouse nel punto desiderato e fare clic.

Per default ogni nuovo testo inserito si aggiungerà a quello esistente (se il tasto INS è disattivato); se invece vuoi sovrascrivere il testo esistente, basta selezionarlo (vedi paragrafo successivo) e poi digitare il nuovo testo che lo sostituirà.

Per modificare un testo scritto in Word bisogna prima di tutto selezionarlo. Esistono diverse modalità di selezione:
per selezionare una parte di testo basta trascinare il puntatore del mouse su esso.

Per selezionare una parola, cioè l'insieme di caratteri contenuti fra due spazi, basta fare doppio clic sulla parola.
Per selezionare un paragrafo portare il puntatore del mouse alla sinistra del paragrafo finché non diventa una freccia a destra, quindi fare doppio clic. In alternativa, fare triplo clic in un punto qualsiasi del paragrafo.

Per selezionare una riga si porti il puntatore del mouse alla sinistra della riga finché non diventa una freccia a destra, quindi fare clic. Tenendo premuto il pulsante del mouse e trascinando verso l'alto o verso il basso si possono selezionare più righe di testo.

Per selezionare un intero documento si porti il puntatore del mouse a sinistra del testo finché non diventa una freccia a destra, quindi fare triplo clic. In alternativa dal menu del pulsante Seleziona, della scheda Home, scegliamo Seleziona tutto.

Per cancellare parole, parti di parole o una lettera si può usare il tasto BACKSPACE o CANC. In particolare:
BACKSPACE cancella all'indietro, cioè le lettere alla sinistra della barra lampeggiante.
CANC cancella in avanti, cioè le lettere alla destra della barra lampeggiante.
Utilizziamo ora un testo di esempio per illustrare i comandi di formattazione di Word. Scriviamo la seguente lettera, senza preoccuparci della grandezza o del tipo di carattere.

Azienda RAPID & FAST srl
Via Rivetta, 4
20100 Milano

Spett.le Società SLOW
Via Larga, 18
20100 Milano

Milano, 31 dicembre 2015

Oggetto: richiesta contatto per partecipazioni presso la Vs. ditta

Spett. Ditta

Per eventuali partecipazioni con la Vostra azienda ci permettiamo
di fornirVi il curriculum vitae e i recapiti del nostro responsabile di filiale.
La nostra azienda è specializzata in:

depurazione dell'H_2O;
ripulitura di superfici inquinate.

In quest'ultimo settore abbiamo un costo concorrenziale
di 5,40 euro al m2.
Per ogni comunicazione potete utilizzare il seguente recapito:

Ing. Gianni Rengacci
Tel.02/56789321
Email: g.rengacci.rapid.com

Distinti Saluti.

Una volta terminata la scrittura salva il testo.
Vediamo come formattare un testo, cioè attribuirgli l'aspetto
che desideriamo, rendendolo più leggibile ed elegante o con
una struttura rispondente alle nostre esigenze. Un testo si
può formattare modificando l'aspetto dei caratteri o
modificando l'aspetto del paragrafo.

I comandi principali per formattare i caratteri di un testo sono presenti nel gruppo **Carattere** della scheda **Home**.

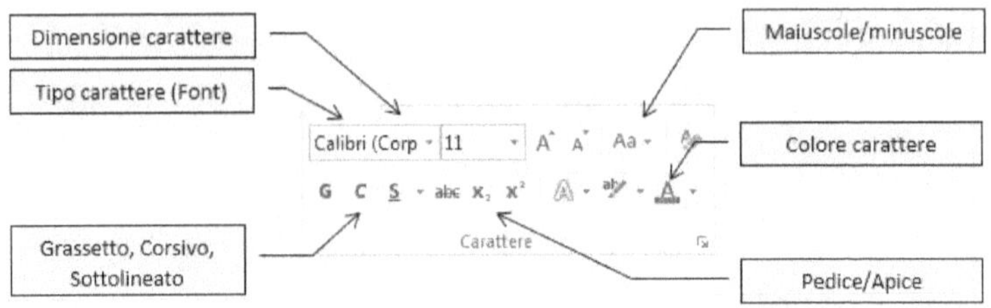

Evidenzia l'indirizzo (Azienda RAPID & FAST srl Via Rivetta, 4 20100 Milano) e imposta il carattere di tipo Arial, dimensione 12, tutto maiuscolo, in grassetto e con sottolineatura doppia.

1.	Facciamo un clic sulla freccia nera vicino alla casella **Tipo carattere**: appare una lista che rappresenta i vari modi di scrivere. Esempi di tipo di carattere sono: Arial, Courier, Algerian, ecc. In particolare il carattere Symbol scrive le lettere greche. Ci sono inoltre dei set di caratteri (Windings, Webdings, MT Extra, ecc.) per scrivere simboli.

2.	Il menu **Dimensione carattere** permette di modificare la grandezza del carattere del testo selezionato. Le varie dimensioni (espresse in punti tipografici 1 cm ≈ 28 pt) appaiono con un clic sulla freccia nera vicino alla dimensione corrente del carattere. Si può specificare una qualsiasi dimensione del carattere (da 1 pt a 409 pt) scrivendo il valore nella casella dimensione carattere e poi premendo INVIO: ad esempio 13pt, 17 pt, ecc. I due pulsanti a destra della casella permettono di aumentare o diminuire la dimensione del testo selezionato con incrementi/decrementi prestabiliti.

3. Con i pulsanti **Grassetto** (**G**), **corsivo** (*C*), **sottolineato** (**S̲**) e **barrato** (~~abc~~) si può applicare il formato **grassetto**, *corsivo*, <u>sottolineato</u> ~~barrato~~ al testo selezionato. Questi tre formati possono essere combinati insieme, ad esempio ~~***testo grassetto corsivo sottolineato barrato***~~. In particolare, il menu del pulsante Sottolineato propone diversi stili di sottolineatura.

4. Il comando **Maiuscole/minuscole** serve a modificare il testo da minuscolo a maiuscolo e viceversa. Ha delle varianti molto interessanti, ad esempio, Iniziali Maiuscole (ottimo per il Nome Cognome).

Impostiamo la frase "Milano, 31 dicembre 2015" in corsivo. Selezioniamo la frase "Oggetto: richiesta contatto per partecipazioni presso la Vs. ditta" e la poniamo in grassetto. Con il pulsante Colore carattere facciamo in modo che il testo appaia in Rosso. Il menu del pulsante propone varie colorazioni. Con il comando **Altri colori** è possibile scegliere il colore in una gamma più ampia (anche personalizzati).

I comandi **Pedice**, **Apice** consentono di ottenere dei testi di dimensioni inferiori sotto o sopra la linea di base. **Apice** permette di elevare e rimpicciolire il testo selezionato. Ad esempio per scrivere sig.^{ina} o per formule tipo x^2, e^x, ecc. **Pedice** permette di abbassare e rimpicciolire il testo selezionato. Un effetto pedice è il 2 nella formula H_2O. Utilizziamoli per H2O e m2.

Vediamo ora come inserire dei caratteri particolari nel testo. In particolare alcuni simboli sono automaticamente riprodotti da Word con particolari sequenze di caratteri. Ad esempio, il simbolo del Copyright, da inserire nell'indirizzo dell'azienda dopo la parola Fast. Se si scrive la sequenza (r), appare sul foglio ®. Se si vuole rivedere la sequenza (r) premiamo subito **Annulla** nella Barra di accesso rapido.

Lo stesso discorso vale per la sequenza (c): appare ©.
In particolare si possono scrivere le "faccine": ☺ (digitare :)), ☹ (digitare :( ), ☺ (digitare :|), ecc.

Sono le **Opzioni di correzione automatica** di Word. Per visualizzarle dal menu **File** scegliere **Opzioni, Strumenti di correzione, Opzioni correzione automatica**.

Molti altri caratteri si possono ottenere utilizzando particolari combinazioni di tasti. Il tasto **Alt gr** permette di scrivere il terzo simbolo dei tasti "tripli", come la parentesi quadra aperta, la parentesi quadra chiusa, la chiocciolina (at @), da inserire nell'indirizzo mail del testo. Alt gr +e, con tastiere recenti, genera il simbolo dell'euro (€), da inserire nel testo di esempio al posto della parola euro. Alt gr con il tasto Shift permette di scrivere altri caratteri non presenti sulla tastiera: ad esempio alt gr+shift+[genera la parentesi graffa aperta ({), alt gr+shift+] genera la parentesi graffa chiusa (}), alt gr+shift+? genera il punto interrogativo rovesciato (¿), utilizzato nella lingua spagnola per iniziare una domanda, alt gr+shift+! genera il punto esclamativo rovesciato (¡).

Il tasto **Alt**, in combinazione con il tastierino numerico, permette di ottenere i caratteri delle tabelle del codice ASCII. Questi caratteri si ottengono tenendo premuto il tasto Alt e digitando con il tastierino numerico il codice decimale corrispondente (attenzione che il tastierino numerico sia attivo cioè il tasto Bloc num sia acceso). Ad esempio per la parentesi graffa aperta si utilizza la combinazione di tasti ALT+123, per la parentesi graffa chiusa la combinazione di tasti ALT+125, per la tilde la combinazione di tasti

ALT+126, ecc. In ogni caso qualunque combinazione di numeri del tastierino numerico con il tasto ALT premuto genera un simbolo.

È possibile scrivere i caratteri non presenti sulla tastiera, senza utilizzare i tasti alt, alt gr, ctrl, utilizzando il comando **Simbolo** nel gruppo **Simboli** della scheda **Inserisci**.

Nel menu sono proposti i simboli più comuni. Se il simbolo che si vuole inserire non è visualizzato nell'elenco, fare clic su Altri simboli.

Adesso che la nostra lettera comincia ad avere un aspetto più "attraente" vediamo qualche accorgimento per completare rapidamente il testo e migliorarne ulteriormente l'aspetto.
Come prima cosa aggiungiamo il nome del riferimento in fondo alla lettera. Per evitare errori di trascrizione usiamo la sequenza di comandi Copia/Incolla.

Per copiare un testo:

1.   selezionare il testo da copiare: nel nostro caso la frase "Ing. Gianni Rengacci";

2.		premere il pulsante **Copia**, nel gruppo **Appunti** della scheda **Home**;

3.		fare un clic nel punto dove si vuole inserire il testo: nel nostro caso alla fine della lettera;

4.		premere il pulsante Incolla, nel gruppo **Appunti** della scheda **Home**.

Questa funzione indica a Word che si vuole copiare il testo selezionato. Word preleva il testo e lo mette in un'area chiamata "Appunti" da cui può essere richiamato tutte le volte che si vuole, finché non verrà sostituito da altre copie. La combinazione Taglia/Incolla serve per spostare un testo dalla posizione originaria per apparire nella nuova posizione.

Nota. I comandi Taglia, Copia, Incolla si possono ottenere anche con combinazioni di tastiera.

- **CTRL + C**: Copia (C come copia)
- **CTRL + X**: Taglia (X rappresenta le forbici)
- **CTRL + V**: Incolla (V come la colla Vinavil)

In modo simile è possibile copiare il formato di un testo. Abbiamo visto che la formattazione di un testo può essere abbastanza complessa, nel senso che, rispetto ai valori standard, si può impostare diversamente il tipo di carattere, la dimensione, il colore, ecc.

In questi casi, se abbiamo in varie parti del documento paragrafi con la stessa formattazione, potrebbe essere una grossa perdita di tempo impostare tutte le caratteristiche su ciascuno dei paragrafi.

Fortunatamente Word consente di copiare non solo parti di testo, ma le caratteristiche di formattazione da una parte all'altra del documento.

Ad esempio copiamo la formattazione dell'indirizzo "Azienda RAPID & FAST srl Via Rivetta, 4 20100 Milano" all'indirizzo "Spett.le Società SLOW Via Larga, 18 20100 Milano". Utilizziamo il comando **Copia formato** presente nel gruppo **Appunti** della scheda **Home**. Il pulsante ha l'aspetto di un pennello:

1.   selezioniamo il testo da cui copiare la formattazione;
2.   facciamo un clic sul pulsante Copia formato: Il puntatore del mouse assumerà la forma di un pennello;
3.   selezioniamo il testo dove applicare loro la formattazione copiata.

Quando si usano documenti lunghi si può avere la necessità di trovare subito l'informazione che serve. Oppure di sostituire delle parole con altre. Vediamo un esempio di sostituzione: ad esempio, vogliamo sostituire la parola "partecipazioni", che appare due volte nel testo, con "collaborazioni". La ricerca ha delle modalità operative quasi identiche.

Facciamo un clic sul comando **Sostituisci** nel gruppo **Modifica** della scheda **Home**.

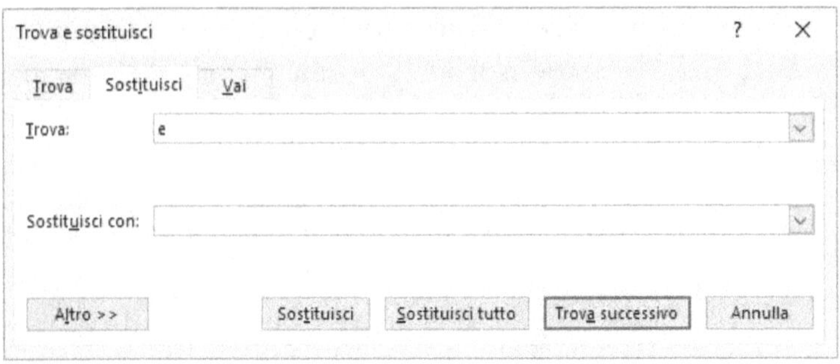

Appare una finestra composta da tre schede: Trova, Sostituisci e Vai. Con il comando Trova (rappresentato da un pulsante con un binocolo) appare la stessa finestra. La scheda Sostituisci ha due caselle. Nella prima (Trova) scriviamo il testo da cercare. Nella seconda (Sostituisci con) il testo sostitutivo.

Il pulsante Sostituisci tutto permette di sostituire in un'unica operazione tutte le occorrenze del termine da cercare. Se si vuole confermare volta per volta la sostituzione usiamo il pulsante Trova successivo e poi, eventualmente il pulsante Sostituisci.

Dopo aver analizzato i principali comandi per la formattazione dei caratteri di un testo, analizziamo la formattazione di un paragrafo, la parte di testo presente tra due invio a capo. Per formattare un paragrafo si deve selezionarlo, con i metodi descritti in precedenza: comunque quando la barra di inserimento lampeggia in un paragrafo, il paragrafo è già selezionato.
Nel gruppo **Paragrafo** della scheda **Home** sono presenti i principali comandi di formattazione di un paragrafo.

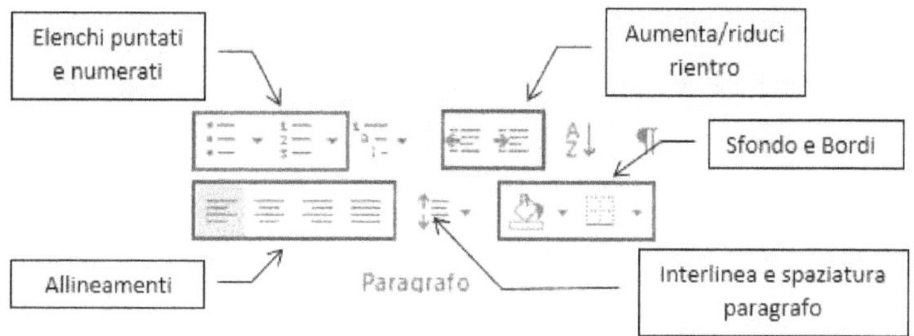

Altre opzioni possono essere attivate anche con un clic sulla freccetta nella parte inferiore a destra del gruppo.

Per quanto riguarda l'allineamento del paragrafo ci sono quattro possibilità:

Allineamento a sinistra: il bordo sinistro viene allineato, il bordo destro rimane non allineato.

Allineamento a destra: il bordo sinistro non viene allineato, il bordo destro viene allineato.

Allineamento al centro: il testo viene posizionato al centro della riga.

Allineamento giustificato: vengono allineati entrambi i bordi.

Selezioniamo il testo relativo all'indirizzo "Spett.le Società SLOW Via Larga, 18 20100 Milano" e allineiamolo a destra. Selezioniamo il testo "Ing. Gianni Rengacci ☎ 02/56789321 Email: g.rengacci@rapid.com" e allineiamolo al centro.
La lunghezza di un paragrafo, per un foglio A4 (21 x 29,7 cm) con 2 cm di margine sinistro e destro, è normalmente di 17 cm. È la lunghezza che appare nella parte bianca del righello. I margini di un paragrafo possono essere modificati in modo rapido utilizzando gli indicatori dei rientri posti sul righello orizzontale di Word.

Per modificare un margine si deve trascinare l'indicatore corrispondente.

L'indicatore di sinistra è diviso in tre parti. Trascinando il rettangolino (Rientro sinistro) posto sotto l'indicatore inferiore è possibile modificare il margine sinistro del paragrafo selezionato.

Ad esempio questo paragrafo ha il margine sinistro spostato in avanti.

Spostando solo l'indicatore superiore (Rientro prima riga) si può fare rientrare la prima riga del paragrafo.

Ad esempio questo paragrafo ha l'indicatore superiore (Rientro prima riga) spostato in avanti rispetto all'indicatore inferiore.

L'indicatore di destra presenta un solo segnalino che può essere trascinato all'indietro per ridurre il margine destro.

I rientri si possono aumentare o diminuire con i pulsanti **Riduci rientro, Aumenta rientro** nel gruppo Paragrafo.

Il pulsante **Interlinea e spaziatura paragrafo** permette di specificare la distanza tra le righe del documento. È sempre meglio spaziare le righe con i comandi di interlinea invece di utilizzare il tasto Invio. Nel menu del pulsante ci sono le voci per aggiungere o togliere dello spazio prima e dopo il paragrafo.

Per impostare i paragrafi in modo preciso, con tutte le voci disponibili, fai clic sulla freccetta in basso a destra del gruppo Paragrafo.

Ad esempio, seleziona il testo da "spett. Ditta" a "specializzata in": impostiamo un rientro della prima riga di 0,5 centimetri e una interlinea di 1,15 punti.

Si può evidenziare un paragrafo, o anche un'intera pagina tramite l'inserimento di un bordo. Vediamo l'inserimento di bordi e sfondi. Nel gruppo Paragrafo, della scheda Home, c'è un pulsante specifico per i bordi.

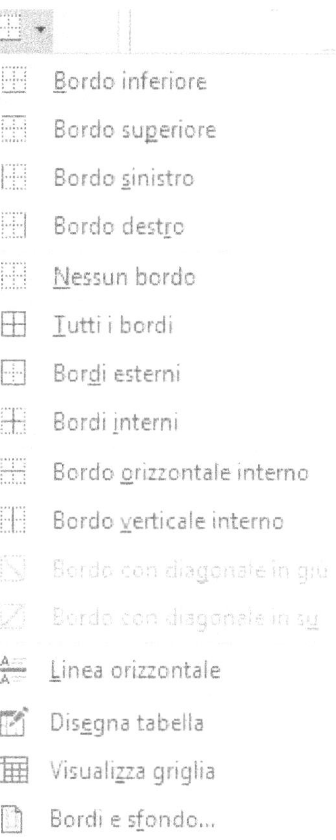

Ad esempio, seleziona il testo "Ing. Gianni Rengacci ☎ 02/56789321 Email: g.rengacci@rapid.com". Dal menu del pulsante Bordo scegliamo la voce **Bordi esterni**. Il testo selezionato è incluso in un riquadro.

Procediamo In modo analogo per dare uno sfondo colorato al paragrafo. Il pulsante "Sfondo" si trova alla sinistra del pulsante "Bordo" e selezionandolo si apre una finestra con i vari colori disponibili.

Gli elenchi puntati e numerati permettono di ordinare e mettere in evidenza le voci di un elenco anteponendo ad ognuno un simbolo o un numero progressivo. Per definire un elenco per un testo già inserito, bisogna, prima di tutto, selezionare i paragrafi a cui applicare il numero o la lettera che definirà l'elenco. Evidenzia i due paragrafi: "depurazione dell'H2O;" e "ripulitura di superfici inquinate." Fai clic sul pulsante **Elenchi puntati** o **Elenchi numerati** del gruppo Paragrafo.

Gli elenchi puntati e numerati possono avere diversi tipi di segnalino. Entrambi i pulsanti hanno un menu per scegliere tra vari formati predefiniti.

Puoi personalizzare gli elenchi puntati con la voce **Definisci nuovo punto elenco**. Per gli elenchi numerati i comandi sono analoghi.

Per creare dei sotto-elenchi, spostando verso destra le voci selezionate, premiamo il pulsante **Aumenta rientro**. Le voci saranno spostate a destra e apparirà un diverso simbolo di punto elenco. Il pulsante **Riduci rientro** sposta le voci selezionate verso sinistra.

Abbiamo completato la scrittura e formattazione della lettera. Dovrebbe apparire come quella sottostante.

<u>**AZIENDA RAPID & FAST ® SRL**</u>
<u>**VIA RIVETTA, 4**</u>
<u>**20100 MILANO**</u>

<u>**Spett.le Società SLOW**</u>
<u>**Via Larga, 18**</u>
<u>**20100 Milano**</u>

Milano, 31 dicembre 2015

Oggetto: richiesta contatto per collaborazioni presso la Vs. ditta

Spett. Ditta

Per eventuali collaborazioni con la Vostra azienda ci permettiamo di fornirVi il curriculum vitae e i recapiti del nostro responsabile di filiale. La nostra azienda è specializzata in:

- depurazione dell'H_2O;
- ripulitura di superfici inquinate.

In quest'ultimo settore abbiamo un costo concorrenziale di 5,40 € al m^2.
Per ogni comunicazione potete utilizzare il seguente recapito:

Ing. Gianni Rengacci
☎ 02/56789321
Email: g.rengacci@rapid.com

Distinti Saluti.

Ing. Gianni Rengacci

È finalmente arrivato il momento della stampa. La voce Stampa del menu File offre tutti i comandi relativi alla stampa.

Stampa

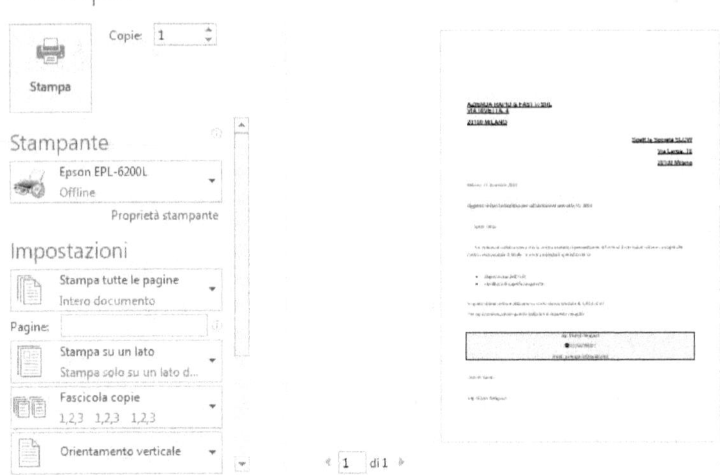

Con il pulsante **Stampa** il documento viene stampato con le impostazioni presenti al momento nella pagina. Nella casella **Copie** si può indicare il numero di copie desiderate.

Il pulsante **Stampante** ha un menu a tendina con l'elenco delle stampanti.

Nell'area Impostazioni si trova il pulsante per definire le pagine da stampare; normalmente è impostato a "Stampa tutte le pagine", ma si può scegliere, "Stampa selezione", "Stampa pagina corrente", "Stampa intervallo personalizzato". Con questa opzione, nella casella **Pagine**, si scrivono i numeri di pagina da stampare e/o gli intervalli di pagina, separati da virgole; ad esempio 1, 3, 5-10, per stampare le pagine 1, 3 e tutte le pagine da 5 a 10.

Nella opzione successiva, si può scegliere se "Stampare su un lato" o "Stampa manuale su entrambi i lati"; con questa possibilità si dovranno ricaricare i fogli quando richiesto per stampare il secondo lato.

L'opzione successiva interessa se si vogliono più copie del documento è la possibilità di fascicolare o non fascicolare le copie.

Nelle opzioni successive si può scegliere tra "Orientamento verticale" e "Orientamento orizzontale", il formato del foglio di carta e i margini.

L'ultima voce permette di scegliere quante pagine stampare per ogni foglio: 1, 2, 4, 6, 8, 16. **Adatta al formato** lascia al sistema la scelta del numero di pagine in funzione della dimensione delle pagine e del foglio.

 Nella parte destra della finestra appare una **Anteprima di stampa**, una "riduzione" del documento per controllare il risultato che si avrebbe stampando il documento stesso.
Quando tutti i parametri sono quelli voluti, si può avviare la stampa.

Le tabulazioni indicano i punti dove far rientrare il testo o dove iniziare una colonna di testo. In pratica, le tabulazioni in Word, come nella macchina da scrivere, sono dei "salti" predefiniti per allineare il testo. Il tasto per le tabulazioni si trova nel lato sinistro ed ha il simbolo di una doppia freccia. Premendo questo tasto la barra lampeggiante si sposta lungo la riga di testo con salti di 1,25 cm. Ad esempio, per spostarsi di 2,5 cm si preme due volte il tasto TAB.

Le tabulazioni nelle prime versioni di Word si utilizzavano per creare le tabelle; nelle versioni recenti per le tabelle ci sono dei comandi appositi.

Le tabulazioni possono essere modificate sia come posizione, sia come tipo. È possibile cambiare le tabulazioni predefinite nel righello. Per inserire una tabulazione basta fare clic sul righello nel punto desiderato. Appare il segno di tabulazione (una specie di L) e scompaiono i salti di tabulazione precedenti. Per incolonnare il testo in quel punto basterà premere il tasto tabulatore.

Per rimuovere una tabulazione basta trascinare l'icona con il mouse verso il basso.
Le tabelle hanno reso superfluo l'uso delle tabulazioni per incolonnare i dati. Permettono di scrivere il testo in righe e colonne e possono servire per organizzare i dati in modo ordinato.
Per costruire una tabella esiste un apposito pulsante Tabella, nella scheda Inserisci.

Si può selezionare il numero di righe e colonne desiderato nella griglia, oppure specificarle con la voce Inserisci tabella. Nella finestra che appare si può indicare quante righe e colonne si desiderano. Ad esempio, creiamo una tabella con 6 colonne e 2 righe.

Appare la tabella. La larghezza delle colonne è stata impostata in modo da far occupare alla tabella l'intera larghezza del foglio, a parte lo spazio riservato ai margini. Il cursore è posizionato nella prima cella della tabella, quindi nella riga 1, colonna 1.

Per scrivere in una cella è sufficiente posizionare la barra lampeggiante all'interno. Per spostarsi da una cella all'altra si può usare il tasto TAB. Una volta arrivati all'ultima cella un'ulteriore TAB permette di creare una nuova riga.

Quando crei una tabella, nella barra multifunzione appare la scheda **Strumenti tabella**, con due sotto-schede, **Progettazione** e **Layout** per modificare l'aspetto della tabella: in ogni caso è necessario selezionare l'elemento, o gli elementi, della tabella da modificare.

• Per selezionare una colonna basta posizionare il mouse all'inizio della colonna e fare clic quando appare una freccia nera.

• Per selezionare una riga basta posizionare il mouse alla sinistra della riga e fare clic quando appare una freccia bianca.

• Per selezionare una cella si porti il cursore nell'angolo in basso a sinistra della cella fino a che non assume l'aspetto di una freccia nera inclinata.

• Per selezionare l'intera tabella, in visualizzazione layout di stampa, fare un clic sul quadratino di spostamento, contrassegnato da una freccia a croce, in testa alla tabella.

In alternativa, si può utilizzare il menu del pulsante **Seleziona** nella scheda **Layout**.

Una volta selezionata la riga, la colonna o l'intera tabella si può applicare la formattazione dei caratteri, paragrafi, ecc. come descritto nei capitoli precedenti.

Per modificare la grandezza delle celle porta il cursore sui bordi della cella in modo che assuma la forma di una doppia freccia e, tenendo premuto il pulsante del mouse, spostiamo il margine aumentando o diminuendo la grandezza di righe e colonne.

In alternativa, nella scheda Layout, nel gruppo **Dimensioni cella**, ci sono le caselle per impostare le dimensioni con precisione.

Nella scheda **Progettazione** ci sono i pulsanti per modificare il bordo (spessore, stile e tipo di linea, colore) e lo sfondo. Puoi anche utilizzare i corrispondenti comandi della scheda Home.
In qualsiasi momento, si può modificare la struttura della tabella aggiungendo o eliminando righe o colonne.

16.2. Come usare Excel

Un foglio di calcolo è una tabella, un insieme di righe e colonne che, nel loro punto di intersezione, formano una cella. In ogni cella, caratterizzata dall'identificativo della colonna e della riga, è possibile scrivere numeri, testo o formule. In pratica è un foglio diviso in tante caselle, nelle quali mettere soprattutto numeri e formule ed effettuare calcoli automaticamente fra i numeri contenuti nelle caselle.

La potenza di un foglio di calcolo elettronico è il fatto che, se sono modificati dati che fanno parte di una formula non è necessario effettuare di nuovo tutti i calcoli, perché il programma provvede automaticamente ad aggiornare tutti i valori in base alle formule. Come avevamo detto in premessa, esistono tanti programmi di foglio elettronico. In questo testo trattiamo Excel 2013.

Dato che fanno parte della stessa "famiglia" Excel e Word hanno degli aspetti in comune, soprattutto per quello che riguarda le impostazioni iniziali e i comandi generali.
Sono praticamente identici i comandi per salvare un file, spostarsi tra file, impostare le opzioni di base, usare la guida in linea, lo zoom, utilizzare la Barra multifunzione. Anche i comandi Annulla, Ripristina, Trova e Sostituisci e le principali formattazioni dei caratteri (grassetto, corsivo, ecc.) operano nello stesso modo.

Per gli argomenti elencati in precedenza si rimanda al paragrafo su Word. Nei paragrafi successivi descriveremo le caratteristiche e la funzionalità di Excel.
Come con Word, quando si apre Excel è richiesto se iniziare con un nuovo documento vuoto (Cartella di lavoro vuota). Appare una grande tabella vuota dove scrivere i dati.

Come abbiamo detto, ci sono molti elementi comuni a Word, come la Barra del titolo, la Barra multifunzione, le Barre di scorrimento, la Barra di stato.

In particolare la Barra della formula visualizza il contenuto della cella, che può essere un valore, un testo o appunto una formula. L'utilizzo di questa barra verrà esaminato in dettaglio successivamente.

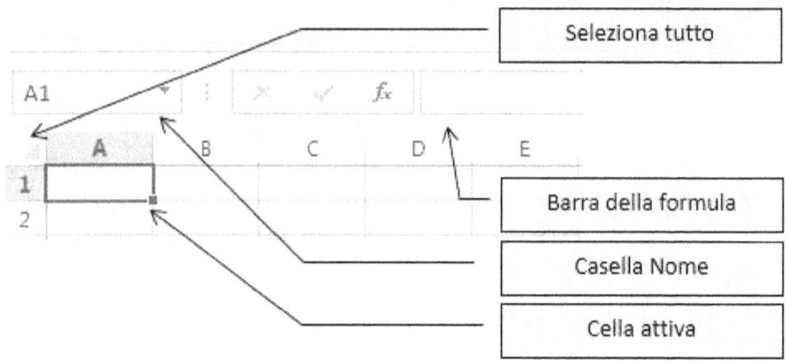

Vediamo ora gli elementi specifici di un foglio di lavoro di Excel. La cella è l'elemento base dal programma Excel. Come vedremo più in dettaglio, può contenere del testo, un numero, un oggetto multimediale o una formula. In un foglio Excel c'è sempre almeno una cella selezionata (si riconosce dall'aspetto "bordato") che prende il nome di cella attiva.

Le celle sono organizzate in una serie di colonne (sequenze verticale di celle) e di righe (sequenze orizzontali di celle). Dalla versione Excel 2007 in poi ci sono 16384 colonne e 1048576 righe (nelle versioni precedenti 256 colonne e 16536 righe). Le colonne vengono identificate con una o più lettere (A, B, C, …). Dopo la colonna Z le lettere diventano due (AA, AB, e poi AAA, ecc.). L'ultima colonna ha come etichetta XFD. Le righe sono identificate da un numero.

Le celle, come nella battaglia navale, prendono il nome della colonna e della riga di appartenenza. All'apertura di un foglio Excel la cella selezionata è la cella A1 ed è la cella attiva. Le coordinate della cella attiva (o delle celle attive) appaiono nella Casella Nome della cella.

Si possono selezionare gruppi di celle, partendo da una cella, premendo il tasto sinistro del mouse e muovendosi con il cursore a forma di croce bianca. Mentre si trascina il mouse, la casella Nome mostra quante righe e colonne sono evidenziate.
Si possono evidenziare celle non contigue tenendo premuto il tasto CTRL.

Per evidenziare una colonna fare clic sulla sua etichetta (il cursore del mouse assume l'aspetto di una freccia nera verso il basso): analogamente per evidenziare una riga. Trascinando il mouse con il tasto sinistro premuto si possono selezionare colonne/righe contigue. Con il tasto CTRL si possono selezionare colonne o righe non adiacenti. Per selezionare tutto il foglio di lavoro fare clic sul pulsante sopra l'etichetta 1 e a sinistra dell'etichetta A. Notiamo che, tenendo il tasto del mouse premuto, nella casella Nome appare il numero di righe e di colonne di un foglio di Excel (1048576R × 16384C nel caso di Excel 2007-2013).

A differenza di Word, un file di Excel può contenere più fogli singoli. Si cerca di riprodurre l'idea della cartellina dove raccogliere tutti i documenti relativi a un argomento. Ogni singolo documento prende il nome di foglio di lavoro. Nella versione Excel 2013 inizialmente c'è un foglio solo. Nelle versioni precedenti ogni cartella è formata da 3 fogli di lavoro chiamati Foglio1, Foglio2, Foglio3.

Per aggiungere altri fogli basta premere il pulsante Nuovo foglio (o scegliere Inserisci dal menu contestuale che appare con un clic del tasto destro del mouse su una linguetta).

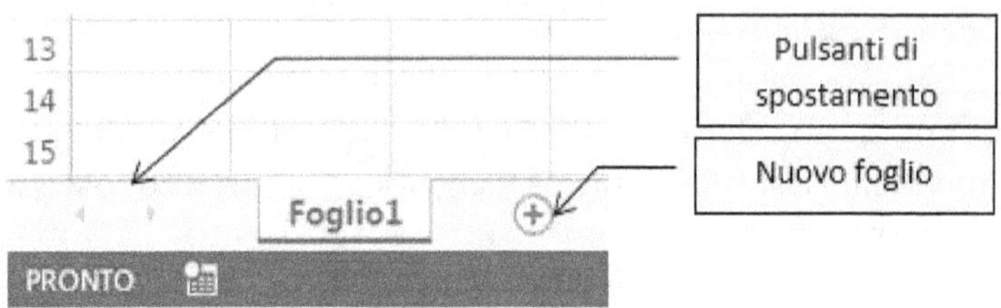

Scrivere in foglio di calcolo ha delle modalità diverse rispetto a un programma come Word, perché le finalità sono diverse dalla videoscrittura.

Nel caso di scrittura di testi è buona norma che ogni cella contenga un solo dato elementare. Ad esempio, per il nome e cognome di una persona è opportuno utilizzare celle separate, ma adiacenti, in modo che possano essere facilmente collegabili logicamente. In modo analogo è utile utilizzare campi separati per l'indirizzo, il CAP, la città, la provincia. In questo modo la tabella può essere usata come un archivio e sarà più semplice cercare e ordinare i dati.
Nel caso di scrittura di numeri, vedremo come Excel ne agevola l'inserimento.

Per scrivere in una cella si deve selezionarla: basta fare un clic su essa con il cursore del mouse (che ha l'aspetto di una croce bianca). La cella selezionata appare contornata da un bordo e diventa attiva. Durante la scrittura molti pulsanti di formattazione sono disattivati (Allineamento, Formato numeri, ecc.): infatti il testo deve essere "confermato" prima di poter cambiare l'aspetto. Nella barra della formula sono attivi due pulsanti, uno rosso e uno blu (assumono il colore quando sono evidenziati):

✔ (**Invio**): con questo pulsante si conferma il testo. Esso appare sia nella cella che nella barra della formula e tutti i pulsanti della barra di formattazione tornano attivi. Corrisponde al tasto **INVIO**.

✗ (**Annulla**): l'inserimento del testo è annullato. La cella rimane vuota. Corrisponde al tasto **ESC**.

Quindi, diversamente dai programmi di videoscrittura come Word, il testo da inserire nella cella deve essere confermato, altrimenti si possono commettere degli errori che compromettono il lavoro. Esistono dei modi più pratici per effettuare la conferma: ad esempio, il tasto Tabulazione, le frecce direzionali, fare clic su un'altra cella, ecc. La modalità generale per la conferma è il tasto **INVIO**.

Per cancellare il contenuto di una cella basta selezionarla e premere **CANC**. Per sostituire basta sovrascrivere.

Si deve stare attenti che il tasto CANC cancella solo il testo contenuto nella cella, non la sua formattazione.

Per chiarire questo concetto scriviamo in una cella la parola Excel. Poi formattiamo il testo in grassetto (pulsante **G**), corsivo (pulsante *C*) e sottolineato (pulsante <u>S</u>). Il testo assume questo aspetto: ***<u>Excel</u>***.

Cancelliamo il contenuto della cella con il tasto CANC. Il testo scompare e la cella appare vuota. Ma se scriviamo in questa cella un qualunque testo appare in grassetto, corsivo e sottolineato.

Quindi il tasto CANC non cancella la formattazione delle celle. Questo concetto è importante perché, come vedremo nei capitoli successivi, Excel possiede dei particolari formati per i numeri, le date, gli orari, ecc. Se cancelliamo, con il tasto CANC, una cella che contiene una data e poi in questa cella scrivo un numero, questo diventa una data.

Per cancellare completamente il contenuto di una cella (testo e formato, dal menu del pulsante **Cancella** nella scheda **Home**, scegliere la voce **Cancella tutto**.

È possibile modificare la dimensione di celle, righe e colonne in funzione dei dati che vi sono contenuti. All'apertura di Excel, esse hanno, infatti, una larghezza e un'altezza standard che potrebbe non essere sufficiente a contenere il dato. In particolare se il testo è più lungo della larghezza della cella questi non va automaticamente a capo, ma appare sopra la cella successiva.

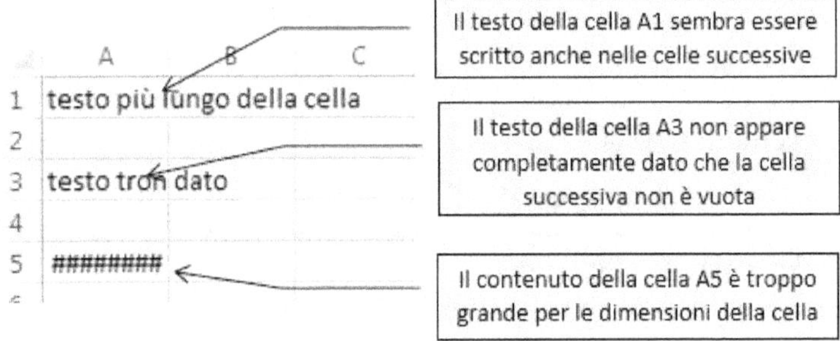

Consideriamo il testo "testo più lungo della cella" scritto nella cella A1. Il testo digitato sembra scritto nella cella A1 e nelle successive: in realtà, è solo la cella A1 che contiene il testo. Infatti se facciamo clic sulla cella A1, la frase si legge sia all'interno della cella, sia nella barra della formula. Se si rende attiva la cella B1 la barra della formula è vuota, quindi la cella è vuota. La cella che contiene la frase è la cella A1, anche se il testo è visualizzato sopra più celle.

Se inseriamo un testo più lungo della larghezza della cella, come nella cella A3, e la cella successiva contiene del testo la frase apparirà "troncata". Se una cella contiene un numero molto grande (o una data) potrebbe apparire una sequenza di cancelletti (#): significa che il dato numerico è troppo grande per essere visualizzato nella cella.

Se la cella è troppo stretta rispetto al suo contenuto dobbiamo allargare la sua colonna. Posizioniamo il cursore del mouse sul bordo destro dell'etichetta della colonna. Quando il puntatore è in mezzo a due etichette assume l'aspetto di una doppia freccia. Premiamo il tasto sinistro del mouse e trasciniamo orizzontalmente il cursore fino alla larghezza desiderata.

Quanto detto per le colonne vale anche per le righe: in realtà una riga si allarga automaticamente quando si aumenta la dimensione del carattere.

Quando il cursore del mouse si trova tra due etichette si può adattare la dimensione della cella al suo contenuto con un doppio clic. La colonna (o la riga) si allarga (o si stringe) adattandosi al testo più lungo delle le celle della colonna (della riga).

Excel possiede molti comandi che permettono di duplicare dati già presenti o inserire dati ripetitivi, oppure noti in modo automatico, evitando di doverli scrivere uno a uno. Alcuni di questi sono comuni a tutti i programmi Office (ad esempio i comandi Copia/Taglia/Incolla), altri sono invece specifici di Excel.

Nel paragrafo relativo alla videoscrittura abbiamo illustrato il funzionamento dei comandi Copia/Taglia/Incolla. L'utilizzo in Excel è identico. È chiaramente possibile spostare e copiare dati tra i vari fogli di lavoro e tra i fogli elettronici aperti.

Ma Excel possiede altre modalità per la duplicazione (o inserimento automatico) di dati. Uno di questi è il Riempimento automatico.

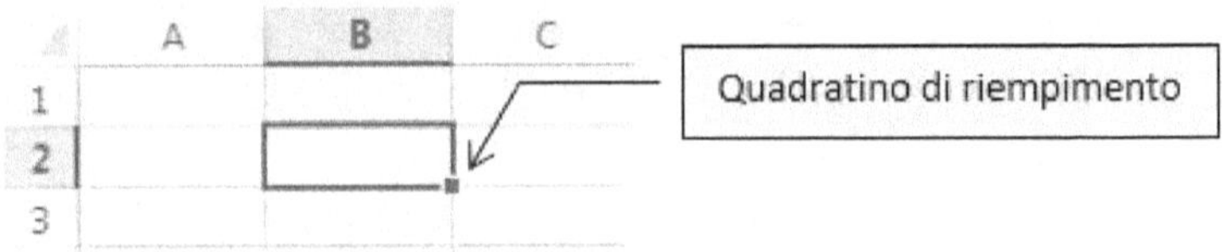

Portando il puntatore del mouse sopra il quadratino di riempimento, il puntatore assume la forma di una croce nera. Quando appare questo segnalino, muovendosi con il tasto sinistro del mouse premuto, in verticale o orizzontale si possono scrivere nelle celle adiacenti lo stesso valore o il valore incrementato (o decrementato) della cella, utilizzando le modalità di riempimento automatico di Excel.

In particolare, se a cella attiva contiene un numero o un testo, trascinando il mouse il numero (o il testo) viene ricopiato nelle rispettive celle. Se, durante il trascinamento, si tiene premuto il tasto CTRL (e alla fine si rilascia prima il tasto del mouse e poi il tasto CTRL) il valore della cella aumenta (o diminuisce) di uno.

Se la cella attiva contiene un testo con un numero finale (ad esempio "voto1", "incasso2", ecc.), il funzionamento è contrario: trascinando normalmente il numero viene incrementato (o decrementato). Trascinando con CTRL il testo rimane uguale.

Se si vuole ottenere una sequenza di valori incrementata di due, di tre, di quattro, ecc., dobbiamo scrivere il primo valore in una cella (ad esempio 1) e, nella cella successiva il secondo valore della sequenza (ad esempio 4, per ottenere una serie incrementata di 3). Si evidenzi entrambe le celle e si trascini il quadratino di riempimento. Nelle celle selezionate appare la sequenza di valori.

È importante ricordare che per creare una serie si devono selezionare due celle, non una sola. Selezionando una sola cella, Excel copia il valore, come visto in precedenza.

Anche per le date e gli orari valgono le stesse considerazioni. Excel, infatti, li gestisce come dei numeri. È importante inserire questi dati in modo corretto.

Una data deve essere scritta nel formato giorno/mese/anno cioè prima il giorno (in cifra), poi il mese (in cifra) e poi l'anno (con 2 o 4 cifre) separati dalla barra obliqua verso l'alto (il carattere "/") o dal carattere meno (il carattere "-"). Se la scrittura è corretta, Excel riconosce la data, allineandola a destra, inserendo lo zero per i giorni e mesi ad una cifra e le eventuali cifre mancanti per l'anno. Quindi se scriviamo 8/9/43, Excel lo riporta come 08/09/1943. Excel non è in grado di riconoscere date anteriori al 01/01/1900. Quindi la scrittura 08/12/1815 non è interpretata come una data.
Un orario deve essere scritto nel formato ore:minuti (se serve :secondi), cioè prima l'ora (con una o due cifre), poi i minuti (con una o due cifre) e se necessario i secondi (con una o due cifre). Anche in questo caso, se la scrittura è corretta, Excel riconosce l'orario allineandolo a destra ed inserendo gli zeri per i minuti ad una cifra. Quindi se scriviamo 1:2, Excel lo riporta come 1:02. Si deve fare molta attenzione quando si scrivono i numeri decimali a non usare come separatore il punto. Excel lo potrebbe interpretare come un orario.

Trascinando il quadratino di riempimento di una data o di un orario si ha l'incremento.
Abbiamo visto che il programma Excel è in grado di "riconoscere" se il valore che è inserito in una cella è una data o un orario.

Il programma, inoltre, conosce la sequenza dei mesi (gennaio, febbraio, marzo, ecc.) e dei giorni della settimana (lunedì, martedì, mercoledì, ecc.). Infatti, se scriviamo in una cella un qualunque mese, per esteso o abbreviato (marzo o mar), e trasciniamo il quadratino di riempimento, Excel continua la lista dei mesi in ordine. Un risultato analogo si ottiene per i giorni della settimana, scritti in modo esteso o abbreviato (venerdì o ven).

Excel permette di formattare i dati per migliorare l'aspetto del loro contenuto: si possono modificare il colore dei bordi e colore di sfondo delle celle, tipo di carattere, dimensione del carattere, ecc.

Il funzionamento di questi comandi è identico al programma Word ed è stato descritto nel capitolo relativo a quel programma.

Segnaliamo solo questi pulsanti, nel gruppo Allineamento della scheda Home, specifici di Excel.

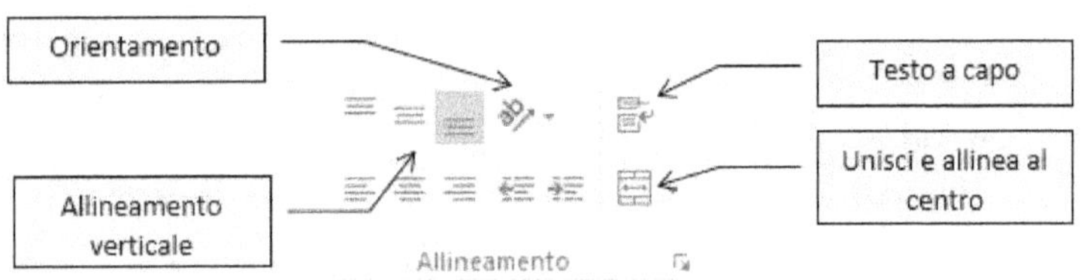

Unisci e allinea al centro: le celle selezionate vengono unite in una unica cella, con il contenuto allineato al centro. Per rimuovere l'unione delle celle basta fare di nuovo clic sul pulsante.

Allineamento verticale: se la cella è più grande della dimensione del carattere, si può scegliere se allineare il testo In alto, Al centro, o In basso.

Orientamento: permette diverse modalità di inclinazione del testo.

Testo a capo: se il testo supera la larghezza di una colonna, porta il testo a capo disponendolo su più righe nella cella allargando la riga e lasciando inalterata la colonna. Si può comunque forzare l'invio a capo con i tasti ALT+INVIO.
Il programma Excel possiede comandi di formattazione specifici per quanto riguarda i dati numerici.

Il gruppo Numeri propone varie possibilità di formattazione di un numero. Se si vuole che Excel interpreti un numero come tale, è importante scriverlo senza simboli, frasi, ecc. quindi non scrivere in una cella 34 km/h, 15 euro, ecc.
Deve essere Excel che, dopo l'inserimento, si occupa della corretta formattazione.

Stile contabilità: inserisce il simbolo di valuta dello Stato davanti al numero, il punto separatore delle migliaia e due cifre decimali. Ad esempio 3400 diventa € 3.400,00. Nel menu ci sono le valute di tre Paesi. In particolare, se in una cella si scrive direttamente il numero con il simbolo dell'euro (ad esempio € 34) il programma converte automaticamente questo testo in valuta.
Se vogliamo dei numeri senza simbolo di valuta, il pulsante Stile separatore inserisce il punto separatore delle migliaia senza anteporre alcun simbolo di valuta. Ad esempio 3400 diventa 3.400,00.

Stile Percentuale: Excel moltiplica per cento il numero presente nella cella e inserisce il simbolo "%". Quindi, se in una cella c'è il numero 5, con lo stile percentuale si ottiene 500%. Se si vuole 5% si deve scrivere 0,05. Questo fatto sembrerebbe complicare i calcoli con le percentuali: in realtà, come vedremo nel paragrafo relativo alle formule, Excel comprende le scritture come "20%" per i calcoli.

Aumenta decimali, Diminuisci decimali: con questi pulsanti si può aumentare e diminuire le cifre che compaiono dopo la virgola di un numero decimale. Si deve fare un clic per ogni decimale da aggiungere o togliere. Excel arrotonda i numeri, quindi se togliamo un decimale al numero 5,67 appare nella cella come 5,7 (anche se il valore reale, cioè quello nella barra della formula, è sempre 5,67).

Il menu della casella Generale propone i formati numerici più utilizzati.

In figura sono visualizzati diversi formati proposti da Excel per il numero 3400. Con i formati numerici si cambia l'aspetto dei numeri senza cambiare i numeri stessi. Un formato numerico non influisce sul valore effettivo della cella per l'esecuzione dei calcoli. Tale valore viene visualizzato nella barra della formula.

Per le impostazioni complete di questi formati scegli la voce Altri formati numeri.
Excel ha come scopo fondamentale lo svolgimento dei calcoli. Per prima cosa, vediamo i calcoli aritmetici.

Le formule aritmetiche di base sono l'addizione (+), la sottrazione (-), la moltiplicazione (*), la divisione (/) e la potenza (^). Ad esclusione della potenza, tutti i simboli di queste operazioni sono presenti nel tastierino numerico della tastiera assieme ai tasti per i numeri.

Nell'uso tipico di Excel, i calcoli sono svolti tra le celle (o meglio tra i dati contenuti nelle celle): quindi, prima di scrivere una formula è opportuno inserire nelle celle i dati su quali operare. Per chiarire il concetto, vediamo un esempio di scrittura di una formula che calcoli, nella cella C1, la somma tra la cella A1 e la cella B1.

1.   Scriviamo nella cella A1 il numero 5, e nella cella B1 il numero 4.
2.   Selezioniamo la cella C1.
3.   Per iniziare la formula, scriviamo = nella cella C1.
4.   Facciamo un clic sulla cella A1: nella cella C1 appare = A1. La cella A1 appare bordata e colorata con lo stesso colore della scritta.
5.   Scriviamo il simbolo della somma +: nella cella C1 appare = A1+.

6.   Facciamo un clic sulla cella B1: nella cella C1 appare = A1+B1. La cella B1 appare bordata e colorata con stesso colore della scritta. La stessa scritta appare nella barra della formula.

7.   La formula ora è completa. Deve essere confermata con un clic sul pulsante ✔ (Invio) nella barra della formula, o premendo il tasto INVIO della tastiera.

Nella cella C1 appare il risultato dell'operazione, cioè 9. Notiamo che, quando la cella C1 è attiva, la barra della formula contiene la formula.

Una formula di Excel deve cominciare con il simbolo "=". Difatti se in una cella scriviamo A1 + B1, il programma interpreta la scrittura come un semplice testo.

Normalmente le operazioni in Excel avvengono tra celle: quindi, se modifichiamo il contenuto di una cella, cambia automaticamente anche il risultato della formula collegata. Scriviamo nella cella A1 il numero 2 invece del 5 e confermiamo l'inserimento: il risultato nella cella C1 diventa automaticamente 6. (4.1.1) È buona norma usare i riferimenti di cella invece di inserire i numeri nelle formule. Questo è uno delle caratteristiche più importanti di un foglio di calcolo: si possono impostare nel foglio tutte le formule che servono e poi cambiare i dati per vedere come si modificano i risultati.

Per scrivere le operazioni di sottrazione, moltiplicazione, divisione e potenza si procede come nell'esempio della somma. Ad esempio, scriviamo nella cella A1 il numero 2 e nella cella B1 il numero 4:

●   se nella cella C2 scriviamo la formula = A1-B1, otteniamo la differenza tra la cella A1 e la cella B1, cioè -2;

- se nella cella C3 scriviamo la formula = A1*B1, otteniamo il prodotto tra la cella A1 e la cella B1, cioè 8;
- se nella cella C4 scriviamo la formula = A1/B1, otteniamo la divisione tra la cella A1 e la cella B1, cioè 0,5;
- se nella cella C5 scriviamo la formula = A1^B1, otteniamo la potenza della cella A1 elevata alla cella B1, cioè 16;

In particolare, con il prodotto si possono fare i calcoli delle percentuali: ad esempio, se la cella A1 contiene il numero 1000, la formula = A1*20% fornisce risultato 200.

Con le operazioni matematiche rimane valida la regola della precedenza tra operazioni: la moltiplicazione viene eseguita prima della somma, la potenza è la prima operazione da eseguire, ecc.

Quindi se nella cella A1 c'è il numero 2, nella cella B1 c'è il numero 3 e nella cella C1 c'è il numero 4, la formula =A1*B1+C1 fornisce come risultato 10 e non 14. Se è necessario eseguire prima la somma e poi la moltiplicazione, si devono usare (come in matematica) le parentesi tonde. Per l'esempio precedente, la formula =A1*(B1+C1) fornisce il risultato 14.

In Excel non esiste la distinzione tra parentesi tonde, quadre, graffe. Si utilizzano solamente le parentesi tonde e la più interna viene sviluppata prima di quella che la racchiude. Quindi la formula =A1*((B1+C1)*(A1+C1)) fornisce come risultato 84.

È possibile anche scrivere le formule solo con la tastiera, digitando le coordinate della cella anche in minuscolo (ad esempio = a1*(b1+c1)). Excel, in ogni caso, visualizza le formule in maiuscolo.

Come descritto in precedenza, in Excel i calcoli sono svolti tra le celle: quindi nelle formule appaiono le coordinate delle celle e non i numeri.

Abbiamo anche detto che questa caratteristica permette di avere l'aggiornamento automatico del risultato di una formula se cambia il contenuto di una sua cella. Ma non solo: è anche possibile copiare una formula in altre celle. Vediamo di chiarire con un esempio.

Consideriamo di voler calcolare la somma delle spese di acquisto di tre generici prodotti (prodotto1, prodotto2, prodotto3) in tre mesi (gennaio, febbraio, marzo).
Abbiamo visto come creare una sequenza di mesi e una sequenza dei prodotti (con il riempimento automatico) e come impostare il formato Valuta per i numeri. La realizzazione della seguente tabella dovrebbe essere agevole.

	A	B	C	D	E
1		gennaio	febbraio	Marzo	totali
2	prodotto1	€ 23,00	€ 30,00	€ 12,00	
3	prodotto2	€ 33,00	€ 22,00	€ 31,00	
4	prodotto3	€ 21,00	€ 24,00	€ 18,00	

Nella cella E2 vogliamo calcolare la somma delle spese del prodotto1: la formula è =B2+C2+D2. Il totale è € 65,00.

Per calcolare i totali del prodotto2 e del prodotto3, basta ricopiare la formula con il **riempimento automatico** nelle celle E3 ed E4;
1.   selezioniamo la cella E2 in modo che diventi la cella attiva;

2.	portiamo il puntatore del mouse sopra il quadratino di riempimento, in modo che assuma la forma di una croce nera;

3.	trasciniamo il mouse con il tasto sinistro premuto verso il basso, fino alla cella E4;

La formula è ricopiata nelle due celle: nella cella E3 è calcolata la somma delle spese del prodotto2 (=B3+C3+D3) e nella cella E4 è calcolata la somma delle spese del prodotto4 (=B4+C4+D4).

	A	B	C	D	E
1		gennaio	febbraio	Marzo	totali
2	prodotto1	€ 23,00	€ 30,00	€ 12,00	€ 65,00
3	prodotto2	€ 33,00	€ 22,00	€ 31,00	€ 86,00
4	prodotto3	€ 21,00	€ 24,00	€ 18,00	€ 63,00

Quindi, se viene ricopiata una formula (anche con i comandi Copia/Incolla), Excel aggiorna le coordinate delle celle presenti nella formula.

Infatti, il programma non memorizza il nome della cella ma la posizione della cella rispetto alla cella attiva.

Per il nostro esempio, quando si copia la formula presente nella cella E2, il programma non memorizza la scrittura della formula (cioè =B2+C2+D2) ma il fatto che deve effettuare la somma delle tre celle che sono alla sinistra della cella attiva. Quando la formula è inserita nella cella E3, viene eseguita la somma delle tre celle alla sinistra della cella attiva, cioè =B3+C3+D3.

Questo accade perché i riferimenti alle celle nelle formule sono **Riferimenti relativi**, cioè relativi alla posizione della cella attiva. Quando copiamo la formula, il programma riscrive la formula rispetto alla posizione dove è inserita.

I riferimenti relativi sono molto utili, perché permettono di scrivere la formula una volta sola e poi ricopiarla: i riferimenti si aggiornano automaticamente rispetto alla nuova collocazione.

D'altra parte, per alcune operazioni è necessario che, quando si copia la formula, non venga cambiato il riferimento alla cella. Cerchiamo di chiarire con un esempio: consideriamo di avere degli importi in euro da convertire in dollari (consideriamo come fattore di cambio 1 € = 1,09 $).

	A	B	C
1	Euro	Dollari	Valore euro
2		10	1,09
3		20	
4		30	

Nella cella B2 vogliamo calcolare il valore in dollari di 10 €.

1.   Selezioniamo la cella B2, in modo che diventi la cella attiva;
2.   la formula è molto semplice: =A2*C2, cioè la cifra in euro moltiplicata il corrispondente di un euro in dollari;
3.   confermiamo la formula con un clic sul pulsante ✔ (Invio), o premendo il tasto INVIO della tastiera.
4.   Nella cella B2 appare il risultato 10,9. Scegliamo, dal menu del pulsante Valuta, il formato in dollari.
5. Adesso ricopiamo la formula, utilizzando il riempimento automatico, nelle celle sottostanti in modo che sia calcolato il

valore in dollari di 20 e 30 euro. Le formule ricopiate nelle celle B3 e B4 danno come risultato zero.

	A	B	C
1	Euro	Dollari	Valore euro
2	10	$ 10,90	1,09
3	20	$ -	
4	30	$ -	

Questo accade perché i riferimenti della formula sono relativi: quindi, se la formula nella cella B2 moltiplica il valore della cella alla sua sinistra (A2 con valore 10) con la cella alla sua destra (C2 con valore 1,09), la stessa formula nella cella B3 moltiplica il valore della cella alla sua sinistra (A3 con valore 20) con la cella alla sua destra (C3 che è vuota quindi con valore 0).

Si deve specificare, nella formula della cella B2, che la cella con il valore dell'euro non deve essere cambiata quando si ricopia la formula. In questo caso si usa un altro tipo di riferimento, chiamato **Riferimento assoluto**. A differenza dei relativi, utilizzando i riferimenti assoluti si indica di utilizzare proprio il nome della cella, non la distanza.
Per specificare che un riferimento alla cella deve essere assoluto si deve scrivere il simbolo "$" davanti alla lettera della colonna e davanti al numero della riga.

Quindi, nel nostro caso, la formula nella cella B2 deve essere modificata nel seguente modo: =A2*C2: è possibile ottenere immediatamente il riferimento assoluto per la cella C2 premendo il tasto funzione **F4** dopo aver scritto C2 nella formula.

Proviamo ora a ricopiare la formula, utilizzando il riempimento automatico, nelle celle B3 e B4. Si ottengono i valori in dollari di 20 e 30 euro.

	A	B	C
	Euro	Dollari	Valore euro
1			
2	10	$ 10,90	1,09
3	20	$ 21,80	
4	30	$ 32,70	

Quindi inserendo il simbolo "$" davanti alla lettera della colonna e al numero della riga si rendono assolute le coordinate della cella: in pratica, questa cella, se la formula viene copiata, rimane "bloccata".

Abbiamo visto come creare in Excel delle formule utilizzando i tipici operatori matematici: addizione, sottrazione, prodotto, divisione e potenza.
Sono disponibili anche altre formule per operazioni particolari di tipo matematico, statistico, finanziario, ricerca, ecc.

Vediamo alcune delle **funzioni** di Excel, quelle che non richiedono particolari conoscenze tecniche, in modo da comprendere la loro modalità di inserimento. Vedremo che sono le stesse per tutte le funzioni. Quindi, una volta capito il metodo, si potrà utilizzarlo per qualunque funzione. Nei suoi aspetti generali una funzione è una formula predefinita che elabora uno o più valori (gli argomenti della funzione) e produce uno o più valori come risultato.

La struttura di una funzione è:

=NomeFunzione(arg1; arg2;…;argN).
Arg1, arg2,…, argN sono gli argomenti della funzione e possono essere indirizzi di celle, numeri, testo, ecc.

Notiamo le caratteristiche di una funzione:

1.   inizia con il simbolo "=";
2.   non ci sono spazi;
3.   c'è sempre la parentesi tonda dopo il nome della funzione;
4.   gli argomenti sono sempre dentro la parentesi separati dal simbolo ";".

La funzione più comune è la somma, in particolare la somma di un intervallo di celle. Per questo motivo c'è un pulsante dedicato a questa operazione: la **Somma automatica**, nel gruppo **Modifica** della scheda **Home**. Ha il simbolo della sommatoria.
La Somma automatica è una formula predefinita di Excel, che calcola il totale di un intervallo di celle. Per spiegare questa funzione riprendiamo l'esempio della somma visto in precedenza.

	A	B	C	D	E
1		gennaio	febbraio	Marzo	Totali
2	prodotto1	€ 23,00	€ 30,00	€ 12,00	
3	prodotto2	€ 33,00	€ 22,00	€ 31,00	
4	prodotto3	€ 21,00	€ 24,00	€ 18,00	

Si vuole ancora calcolare il totale dei prodotti, ma utilizzando la Somma automatica:
1.   attiviamo la cella E2;

2.	premiamo il pulsante della somma automatica.
Appare la formula =SOMMA(B2:D2). Le celle da sommare sono evidenziate da un bordo tratteggiato che scorre;
3.	premiamo il tasto INVIO per confermare.

Nella cella E2 appare il risultato, cioè € 65,00.
Adesso possiamo ricopiare la formula nelle due celle sottostanti, con il riempimento automatico.

Vediamo come inserire una funzione generica, ad esempio la Media. Per inserire una funzione predefinita di Excel puoi fare clic sulla freccetta nera (▼) sulla destra del pulsante Somma automatica. Appare un menu con le funzioni di uso più comune (media, massimo, minimo...) e la voce Altre funzioni per le ulteriori funzioni di Excel. Con questa voce appare la finestra in figura.

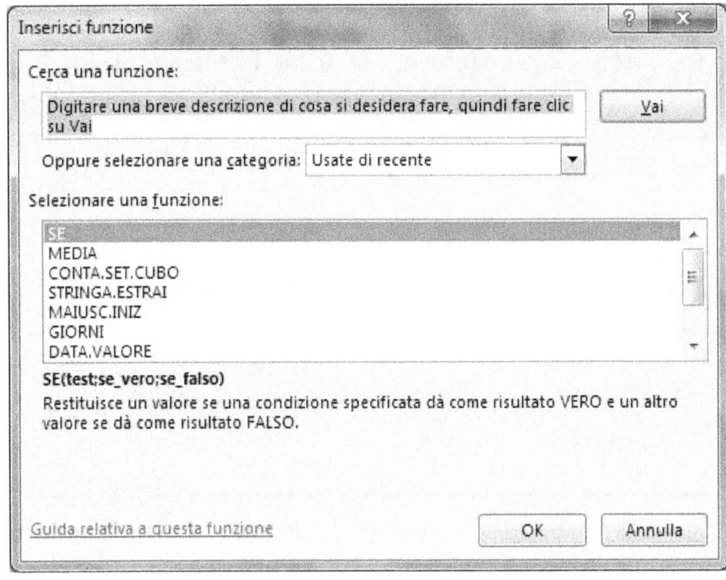

Il menu a discesa **Oppure selezionare una categoria** permette di specificare la categoria della funzione desiderata (finanziaria, statistica, testo, ecc.). Se non si conosce la categoria si può scegliere la voce **Tutte** che permette di ottenere tutte le funzioni predefinite di Excel. Con la voce **Usate più di recente** si hanno le ultime funzioni utilizzate.

Nella casella **Selezionare una funzione** sono visualizzati i nomi di funzione relativi alla categoria scelta. Per selezionare una funzione basta fare clic sul suo nome. Nella parte sottostante è presente una breve descrizione della funzione. Vediamo, ad esempio, come calcolare la media di una sequenza di numeri. La media è una delle funzioni statistiche più note, spesso usata nel linguaggio comune: il prezzo medio di un prodotto, l'altezza media della popolazione italiana, ecc.; è, in pratica, il valore intermedio di una serie di valori.

Consideriamo i seguenti dati:

	A	B	C	D
1	dato1	dato2	dato3	media
2	10	20	30	

Vogliamo calcolare nella cella D2 la media di questi dati.

1.   selezioniamo la cella D2 in modo che diventi la cella attiva;
2.   facciamo un clic sulla freccetta nera (▼) del pulsante Somma automatica. Anche se la funzione Media appare nell'elenco delle funzioni di uso comune, effettuiamo l'inserimento della funzione nel modo generale. Scegliamo la voce **Altre funzioni**;
3.   appare la finestra descritta in precedenza: come categoria scegliamo **Statistiche**;

4.	nella casella **Selezionare una funzione** appare l'elenco delle funzioni statistiche predefinite di Excel disposte in ordine alfabetico. Scorriamo l'elenco delle funzioni fino a trovare la MEDIA;

5.	selezioniamo la funzione MEDIA. Premiamo OK;

6.	appare la seconda finestra del processo di Autocomposizione funzione, dove si devono specificare gli argomenti della funzione. Nella casella **Num1**, Excel propone un possibile intervallo di celle (in questo caso le celle a sinistra della cella attiva) su cui calcolare la media: se l'intervallo non è quello desiderato è possibile selezionarne un altro. Nella casella **Num2** si può selezionare un secondo intervallo e così via, fino ad un massimo di 255 intervalli distinti. Excel visualizza, alla destra degli intervalli, i dati selezionati racchiusi tra parentesi graffe. In basso a sinistra visualizza il risultato della formula.

7.	Concludiamo l'inserimento della formula con un clic sul pulsante OK.

Nella cella D2 appare il risultato atteso, cioè 20. Nella Barra della formula appare la formula creata = MEDIA(A2:C2).

Illustriamo alcune delle più comuni funzioni di Excel, con una breve descrizione:

- 	**MIN() e MAX()**: calcolano rispettivamente il valore minimo e massimo di un insieme di valori, o di un gruppo di celle, indicato come argomento. Ad esempio, se la cella A1 contiene il valore 3, la cella B1 contiene il valore 2, la cella C1 contiene il valore 4 la formula =MIN(A1:C1) restituisce come risultato 2.

- 	**CONTA.NUMERI()**: questa funzione conta il numero di celle contenenti numeri presenti nell'elenco degli argomenti. Quindi le celle contenenti testo non sono incluse nel conteggio. Ad esempio, se la cella A1 contiene il valore 3, la cella B1 contiene il testo "non pervenuto", la cella C1 contiene il valore 4 la formula =CONTA.NUMERI(A1:C1) restituisce risultato 2.

- **CONTA.VALORI()**: a differenza del caso precedente, questa funzione conta il numero di celle presenti nell'elenco degli argomenti che contengono dei valori. Per valore si intende un qualunque dato (testo, numero, messaggio di errore, ecc.). Basta che la cella non sia vuota. Ad esempio, se la cella A1 contiene il valore 3, la cella B1 contiene il testo "non pervenuto", la cella C1 è vuota, la formula =CONTA.VALORI(A1:C1) restituisce come risultato 2.

- **OGGI()**: questa funzione restituisce la data corrente. Non ha bisogno di alcun argomento. La data può essere visualizzata in vari formati con la finestra **Formato celle**. Excel non fornisce delle funzioni predefinite per visualizzare la data di ieri o di domani: comunque, dato che per Excel le date sono dei numeri, la formula =OGGI()+1 restituisce la data di domani, la formula =OGGI()-1 restituisce la data di ieri.

- **ARROTONDA()**: questa funzione, che ha sintassi ARROTONDA(num;num_cifre) e fa parte della categoria Matematiche e trigonometriche. Arrotonda il valore in argomento al numero di cifre che viene indicato. Se il numero di cifre è 0 verrà arrotondato all'intero più vicino.

- **SE()**: questa è delle funzioni più particolari ed importanti di Excel, utilizzata in diversi contesti. La sintassi è: =SE(Test; [se_vero]; [se_falso]). In pratica, opera nel seguente modo:

o viene controllato se il valore presente in una cella rispetta una condizione specificata. Questa è la fase di test; ad esempio se la cella contiene un valore maggiore di 8 (>8), minore o uguale a 15 (<=15), uguale a 30 (=30), diverso da 30 (<>30), ecc.

o se la condizione è verificata (se_vero) viene effettuata una azione: un calcolo, una frase, ecc.;

o   se la condizione non è verificata (Se_falso) viene restituito un altro valore, oppure non viene fatto nulla.

Come dicevamo questa funzione può essere utilizzata in diversi contesti: indicare se uno studente è promosso o respinto se il suo voto è maggiore o uguale a 6, indicare se un rappresentante deve avere un premio se le sue vendite sono superiori a una certa soglia, ecc.

Excel permette di rappresentare tramite grafici i dati inseriti nel foglio di lavoro. Un grafico, in linea generale, permette una visione dei dati più semplice ed immediata rispetto ad una tabella. In altre parole, la caratteristica principale dei grafici è l'impatto visivo che consente di interpretare facilmente il confronto tra dati. Ad esempio è più facile individuare il valore più grande in una serie di dati o individuare dei risultati uguali.

I grafici più comuni, e di più semplice comprensione, sono quelli "a torta" o gli istogrammi. Esistono comunque molti altri tipi di grafici, anche molto complessi, specifici di un dato settore: ci sono grafici statistici, azionari, ecc. che richiedono, per poter essere interpretati, conoscenze specifiche della materia. Come per le funzioni, Excel non spiega il significato teorico del grafico: fornisce soltanto gli strumenti per realizzarlo.

Per creare un grafico, Excel deve leggere dei dati. Quindi bisogna scrivere i valori in un intervallo di celle e selezionarle. Utilizziamo, ad esempio la seguente tabella.

	A	B	C	D
1		gennaio	febbraio	marzo
2	prodotto1	23	30	12
3	prodotto2	33	22	31
4	prodotto3	21	24	18

Selezioniamo la tabella. Nel gruppo Grafici della scheda Inserisci è possibile scegliere il tipo di grafico.

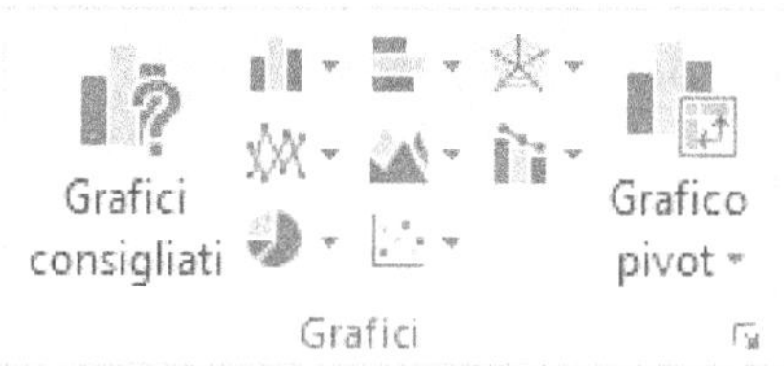

Il pulsante che rappresenta il tipo di grafico (istogramma, a linee, a torta, ecc.) ha un menu per selezionare il sottotipo. Una volta scelto, Excel inserirà automaticamente il grafico nel foglio di lavoro con le impostazioni predefinite.
Si può ottenere una visione di insieme dei vari grafici con un clic sulla voce che appare in fondo ad ogni menu.

Vediamo il tipo più comune di grafico, il grafico Istogramma. Abbiamo visto come ogni tipo di grafico ha dei possibili sottotipi, anche con una rappresentazione tridimensionale. Quando evidenziamo un sottotipo appare il suo nome.

Scegliamo il tipo Istogramma a colonne raggruppate. Il grafico apparirà nel foglio di lavoro assieme a due nuove schede: Progettazione e Formato, con gli strumenti per modificare tutte le impostazioni, come i titoli del grafico e degli assi, la legenda, la posizione del grafico, ecc.

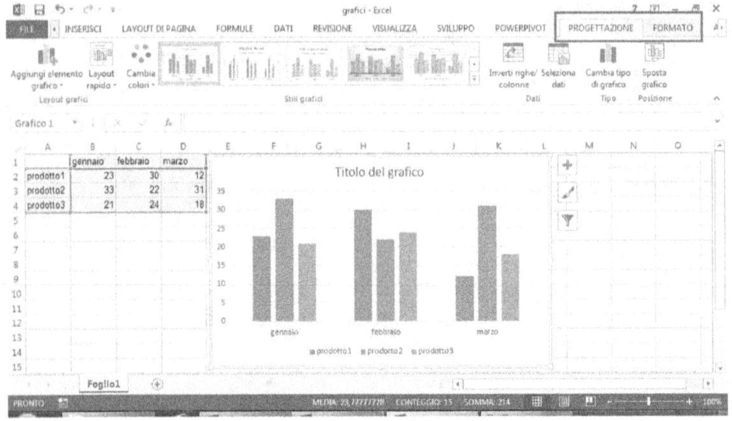

Il grafico è inserito come un oggetto nel foglio di lavoro e può essere ridimensionato e spostato nel foglio.

Per poter modificare un grafico è necessario che sia selezionato. Per selezionarlo basta fare un clic sul grafico: intorno al grafico appare una cornice con dei puntini per il ridimensionamento (maniglie).

Il grafico può essere trascinato in qualsiasi punto del foglio di lavoro portando il puntatore del mouse all'interno del grafico e tenendo premuto il tasto sinistro: a questo punto si può trascinare l'immagine nella posizione desiderata.
Si può ingrandire o rimpicciolire il grafico utilizzando le maniglie. Portando il puntatore del mouse sopra una delle maniglie, il puntatore assume la forma di una doppia freccia (↔,↕). Trasciniamo verso l'esterno per ingrandire e verso l'interno per ridurre le dimensioni.

Per cancellare un grafico è sufficiente selezionarlo e premere il tasto CANC sulla tastiera.
Chiaramente un grafico è legato ai dati selezionati: se modifichiamo un dato cambia la raffigurazione dello stesso

340

nel grafico. Per ridefinire l'area dei dati del grafico utilizzare il pulsante **Seleziona dati** nella scheda **Progettazione**.

Nell'asse orizzontale sono rappresentati, di solito, i valori del lato più lungo dell'intervallo di celle selezionato: è possibile comunque scambiare i dati con il pulsante **Inverti Righe/colonne** della scheda **Progettazione**.

Il pulsante **Cambia tipo di grafico** della scheda **Progettazione** permette di modificare il tipo di grafico. Si deve fare attenzione quando si trasforma un grafico in un altro in quanto ci possono essere delle perdite di dati, dovute al fatto che ogni grafico richiede dati diversi. Per esempio, l'istogramma prevede più serie di dati mentre la torta ne accetta una sola.

Si può modificare rapidamente la formattazione di un grafico applicando uno degli stili e delle combinazioni di colore preimpostate nel gruppo **Stili grafici**: espandendo con il pulsante a freccina sono visualizzati i numerosi stili a disposizione.

Con il pulsante **Layout rapido** si può scegliere dei layout predefiniti per il grafico (per Excel 2007 scheda **Layout** di **Strumenti grafico**). Questi non influiscono sulla formattazione del grafico, come gli stili, ma permettono di mostrare i titoli, la legenda, la tabella dei dati ecc., in diverse combinazioni. Anche in questo caso, facciamo clic sulla freccina per vedere tutte le combinazioni disponibili.
In ogni caso, per cancellare un elemento del grafico, basta selezionarlo e premere CANC.

Se non si vuole usare uno dei layout preimpostati, ma si preferisce personalizzare il grafico scegliendo i singoli elementi da inserire, possiamo utilizzare il menu del pulsante

Aggiungi elemento grafico, dove ci sono i comandi relativi a vari elementi (titolo, legenda, nomi degli assi e così via) da visualizzare nel grafico.

Le caratteristiche di formattazione si possono modificare con il menu che appare con clic del tasto destro sull'elemento desiderato, con la voce Formato (nome elemento): Comparirà la finestra di dialogo relativa all'oggetto scelto e si potrà scegliere tra le possibilità di formattazione disponibili.

In alternativa, si possono usare i pulsanti che appaiono alla destra del grafico. In particolare per le dimensioni dei testi e il colore dei caratteri e degli sfondi si possono usare i comandi della scheda Formato e della scheda Home.

16.3. Come usare PowerPoint

Microsoft PowerPoint è un programma per realizzare presentazioni elettroniche, cioè l'esposizione di concetti attraverso una sequenza di diapositive (o slides) che possono contenere testo, immagini, suoni, filmati e animazioni. PowerPoint rende facile generare e organizzare le idee. Fornisce strumenti utili per creare gli oggetti che rendono efficace una presentazione: diagrammi, grafici, elenchi puntati e numerati, testo che attrae l'attenzione, filmati e effetti audio, e altro ancora. PowerPoint inoltre facilita la creazione dei necessari sussidi per una presentazione, quali stampanti, note per il relatore e lucidi.

PowerPoint è un programma molto semplice e intuitivo, quindi non ci soffermiamo sui comandi di base. Inoltre fa parte della stessa "famiglia" di Excel e Word e ci sono molti aspetti in comune, soprattutto per quel che riguarda le impostazioni iniziali e i comandi generali.

Le slides sono il corrispettivo delle pagine di un documento di testo. In una presentazione, il numero delle slides va scelto con cura, soprattutto se a ogni slide corrisponde un contenuto importante. (3.1.1) È fondamentale utilizzare testi brevi e concisi, con immagini esemplificative, evidenziando i punti fondamentali tramite elenchi. Questo aspetto è collegato ai tempi complessivi della presentazione che non devono affaticare il destinatario né trattenerlo più del dovuto.

Quando apriamo il programma PowerPoint appare automaticamente la prima diapositiva della presentazione. È quella che il programma considera come la diapositiva iniziale, che espone l'argomento della presentazione: è una diapositiva di tipo Titolo.

Per scrivere nel segnaposto (o casella di testo) basta fare clic e digitare. È buona norma utilizzare un titolo diverso per ogni diapositiva per distinguerla durante la navigazione in presentazione.

Quando il segnaposto è selezionato possiamo modificare l'aspetto del testo con i comandi del gruppo **Carattere** e **Paragrafo**.

Come abbiamo accennato all'inizio del capitolo, sebbene nelle presentazioni si usino le slides, piuttosto che le pagine, la loro costruzione non differisce minimamente dalla creazione di una pagina di un testo. Esattamente come nei word processor, ci sono i comandi per le personalizzazioni del contenuto, in termini di:

- font: dimensione, tipo, formattazione;
- elenchi: puntati, numerati, misti;
- allineamenti e interlinea;
- stili, margini, bordi, sfondi, ecc.
-

Aggiungiamo un'altra diapositiva alla nostra presentazione.

Facciamo clic sulla freccia del comando Nuova diapositiva nel gruppo Diapositive della scheda Home e scegliamo il layout desiderato.

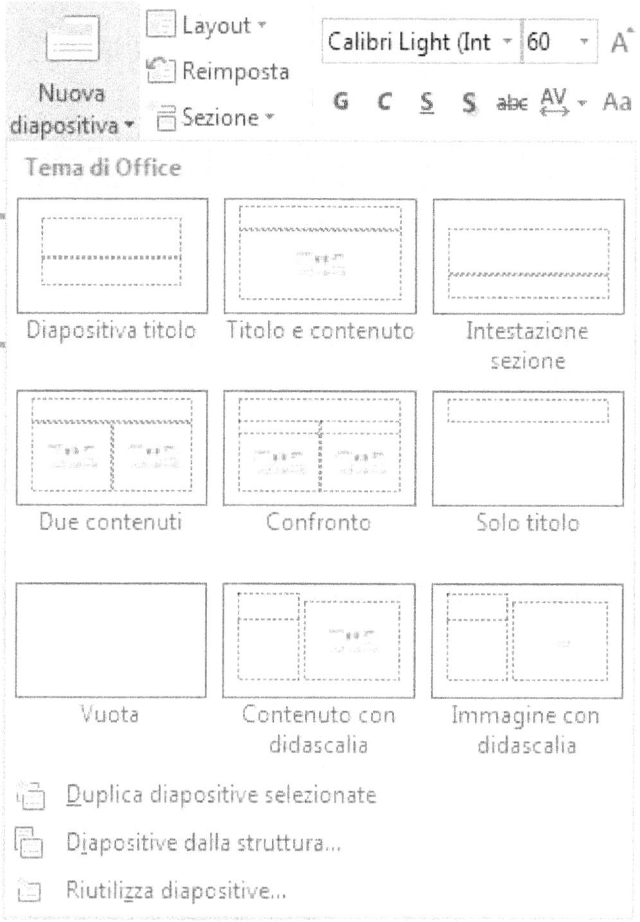

In PowerPoint sono disponibili nove layout diapositiva predefiniti. Per ogni layout è illustrato il posizionamento dei diversi segnaposto in cui è possibile aggiungere testo o elementi grafici.

Inseriamo una diapositiva di tipo **Titolo e contenuto**. È la proposta predefinita di PowerPoint per le diapositive successive alla prima. Se vuoi modificare il layout di una diapositiva già inserita, fai clic sul pulsante **Layout**.

La nuova diapositiva appare nel Riquadro della diapositiva e, in miniatura, nella Scheda diapositive.
Nel secondo segnaposto appare automaticamente un elenco puntato. Gli elenchi puntati e numerati sono uguali di Word: possono avere diversi tipi di segnalino e ci sono i pulsanti con le freccette che aumentano o diminuiscono il rientro.

Nel riquadro diapositive appaiono le miniature delle due diapositive che abbiamo creato. Con il pulsante Sequenza diapositive si può visualizzarle in sequenza.
In questa visualizzazione si possono spostare le diapositive, trascinandole nella posizione desiderata.

Per eliminare una diapositiva facciamo clic col tasto destro del mouse su una miniatura e scegliamo Elimina diapositiva. Oppure selezionarla e premere CANC.

Se si vuole che la presentazione includa una composizione armonica di elementi, colori, effetti, stile e layout per le diapositive, si possono utilizzare i Modelli di PowerPoint.

Un Modello (o Tema) si può utilizzare per una presentazione già costruita, selezionandolo nel gruppo Temi della scheda Progettazione. In questo caso si può applicare a tutte le diapositive o solo alle diapositive selezionate cliccando con il pulsante destro del mouse sul tema del documento e scegliendo l'opzione desiderata.

Si può personalizzare un tema modificando i colori, i caratteri o gli effetti relativi a linee e riempimento, con i comandi che appaiono con un clic sulla freccetta del gruppo Varianti della scheda Progettazione.

In una diapositiva è possibile inserire grafici e tabelle, per riassumere e facilitare la lettura di dati. Nelle diapositive con layout Titolo e contenuto ci sono le icone per inserire questi e altri oggetti.

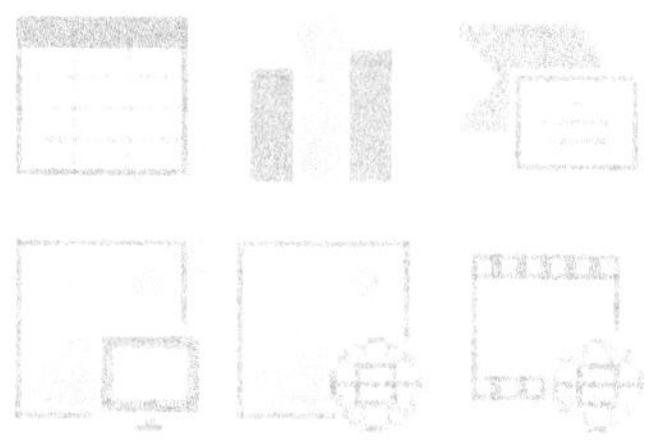

I comandi di questi due strumenti sono analoghi a quelli dei programmi Word ed Excel.

Abbiamo visto le principali particolarità delle diapositive di PowerPoint. Siamo quasi pronti a visualizzare tutto il lavoro a pieno schermo, a proiettare la nostra presentazione. Anche questi comandi, una volta capita la funzionalità, sono molto semplici: basta provare. Li trattiamo quindi come spunti all'uso.

Per una presentazione al computer si possono impostare speciali transizioni, ovvero tecniche di passaggio da una diapositiva all'altra. Ad esempio, si può creare un effetto "dissolvenza", in cui la diapositiva scompare gradatamente mentre inizia ad apparire la successiva, oppure far aprire la diapositiva dal centro visualizzando quella seguente. Si può regolare la velocità di transizione e aggiungere effetti sonori nel passaggio tra una diapositiva e un'altra.

Tutti questi effetti sono presenti nel gruppo Transizione alla diapositiva della scheda Transizioni.

I principali comandi presenti nella scheda Transizioni sono:

- **Opzioni effetto**: permette di scegliere delle caratteristiche di riproduzione della transizione;

- **Suono**: aggiunge un segnale acustico alla transazione. Per aggiungere un segnale acustico non presente nell'elenco, scegliere **Altri segnali acustici**;

- **Durata**: imposta la velocità della transizione;

- **Applica a tutte**: per utilizzare la stessa transizione per tutte le diapositive.

La transizione tra una diapositiva e un'altra avviene tramite un clic del mouse (oppure il tasto INVIO o le freccette della tastiera), come specificato nella casella **Passa alla diapositiva successiva**. Con la casella **Automaticamente dopo**, si può impostare il passaggio dopo un certo intervallo di tempo.

Adesso possiamo visualizzare la presentazione. Nella scheda Presentazione, si può scegliere se avviarla dall'inizio o dalla diapositiva corrente.

Durante la presentazione si può spostarsi avanti o indietro tra le diapositive con un clic del mouse, con il tasto Invio, con le freccette o con i pulsanti che appaiono in basso. In alternativa, si possono usare i comandi del menu a comparsa che appare premendo il tasto destro del mouse in un qualunque punto della diapositiva.

I segreti svelati in questo capitolo

. In linea generale, quando stai preparando un testo, conviene scrivere tutto il contenuto di seguito. Solo al termine della scrittura farai la formattazione dei caratteri e dei paragrafi.

. I comandi dei vari programmi del pacchetto Microsoft Office sono divisi in schede. Ogni scheda è suddivisa in gruppi che racchiudono i comandi della stessa categoria.

. Il tasto Alt, in combinazione con il tastierino numerico, permette di ottenere caratteri non presenti sulla tastiera. In alternativa, puoi usare il comando Simbolo nel gruppo Simboli della scheda Inserisci.

. I comandi Taglia, Copia, Incolla si possono ottenere con le combinazioni di tastiera CTRL + C per Copia, CTRL + X per Taglia, CTRL + V per Incolla.

. Con il tasto TAB puoi allineare i testi in colonna. Questo tasto è stato reso inutile dall'utilizzo delle tabelle con i relativi comandi.

. Il programma Excel è preposto allo svolgimento di calcoli ed analisi su numeri. Non è adatto a scrivere testi. Per un suo uso corretto è importante che il numero sia scritto così com'è, senza simboli di misura o valore scritti con la tastiera. La formattazione deve avvenire con i comandi appositi del programma.

. Una formula di Excel inizia con il simbolo uguale. Le celle coinvolte nelle formule sono specificate con i loro riferimenti, non con i loro valori.

. Un grafico di Excel è legato ai dati che rappresenta. Se cambia un dato cambia il grafico collegato.

. PowerPoint permette di creare presentazioni al computer. Per evitare fastidiose scelte di colori conviene affidarsi alle combinazioni predefinite.

Domande

1. Quale tra queste non è una funzione tipica di un word processor?

a) ordinare dei dati inseriti
b) spostare parti di un documento per organizzarlo meglio
c) inserire caratteri speciali, formule matematiche, immagini e suoni
d) controllare la correttezza dell'ortografia e delle strutture grammaticali

2. Per andare a capo in un testo devo premere il tasto

a) TAB
b) CTRL
c) INVIO
d) ALT

3. Mentre si visualizza un testo, se si fa due clic su una parola si seleziona:

a) tutta la riga che contiene la parola
b) solo la parola
c) tutto il testo
d) una lettera

4. Se si seleziona un testo e si sceglie la voce Copia

a) il computer memorizzerà una copia del testo selezionato in una speciale area di memoria temporanea chiamata Appunti.
b) si copia il testo selezionato
c) sparisce il testo selezionato

d) si crea una copia del file

5. Cosa appare nel pulsante per la formattazione in grassetto?

a) una lettera C
b) una lettera G
c) una lettera I
d) la parola "Grassetto"

6. Con la scrittura A1:A6 si indica:

a) tutte le celle tra A1 ed A6 comprese le celle A1 ed A6
b) tutte le celle tra A1 ed A6 escluse le celle A1 ed A6
c) solo le celle A1 ed A6
d) tutte le celle tra A1 ed A6 esclusa la cella A6

7. Quali tra le seguenti formule, per calcolare la somma delle celle A1, A2 ed A3, è errata?

a) =SOMMA(A1:A3)
b) =somma(a1:a3)
c) =A1+a2+A3
d) =SOMMA(A1;A3)

8. Che forma assume il puntatore del mouse per effettuare il riempimento automatico?

a) una croce bianca
b) una croce nera
c) una barra lampeggiante
d) una freccia bianca

9. La formula "= 1000 * A1" rappresenta

a) una operazione con un riferimento assoluto
b) una operazione con un riferimento relativo
c) un calcolo finanziario
d) una conversione in dollari

10. Indica in quale delle seguenti situazioni ritieni utile l'utilizzo di un programma di presentazione:

a) Illustrare un manuale operativo
b) Gestire un bilancio
c) Gestire una agenda di clienti
d) Preparazione di un rendiconto aziendale

11. Cosa può contenere una presentazione multimediale?

a) Solo del testo
b) Dei calcoli
c) Testo, immagini, animazioni e suoni
d) Dei campi indicizzati per la ricerca delle informazioni

12. Qual è l'unità fondamentale di una presentazione informatica?

a) La cella
b) La diapositiva
c) Il record
d) La riga di testo

Soluzioni

1 a; 2 c; 3 b; 4 a; 5 b; 6 a; 7 d; 8 b; 9 a; 10 a; 11 c; 12 b.

Esercizi

Esercizio 1

In questo esercizio devi preparare una locandina di un convegno.

1. Crea una cartella con il nome "locandina".

2. Apri Word.

3. Scrivi il seguente testo andando a capo, come indicato e rispettando le maiuscole:

"PROVINCIA DI XXXXXX

ASSESSORATO ALL'ISTRUZIONE ED ALLA FORMAZIONE PROFESSIONALE

Corso di Aggiornamento su

Il numero π: calcolo del suo valore esatto

Il corso si terrà presso: yyyyyyy

Autorizzazione con decreto n° 222/11

Data"

4. Per scrivere il simbolo "π" devi scrivere il carattere "p", selezionare questa lettera, e scegliere il tipo di carattere Symbol, che permette di scrivere i simboli greci.

5. Al posto della scritta Data inserisci la data odierna.

6. Salva il documento con il nome "locandina" nella cartella "locandina".

7. Allinea al centro la frase "PROVINCIA DI XXXXXX". Imposta il carattere a dimensione 20, in grassetto e di colore blu.

8. Allinea al centro la frase "ASSESSORATO ALL'ISTRUZIONE ED ALLA FORMAZIONE PROFESSIONALE". Imposta il carattere a dimensione 18 e in grassetto.

9. Allinea al centro la frase "Corso di Aggiornamento su". Imposta il carattere a dimensione 15, di colore verde e in grassetto. Probabilmente nel menu a discesa dove scegli la

grandezza del carattere non è presente la dimensione 15. Basta allora scrivere questo valore nella casella dove si sceglie la grandezza del carattere e premere il tasto INVIO. La riga evidenziata diventa di dimensione 15.

10. Allinea al centro la frase "Il numero π: calcolo del suo valore esatto". Imposta il carattere a dimensione 29. Probabilmente nel menu a discesa dove scegli la grandezza del carattere non è presente la dimensione 29. Basta allora scrivere questo valore nella casella dove si sceglie la grandezza del carattere e premere il tasto INVIO. La riga evidenziata diventa di dimensione 29.

11. La frase "Il corso si terrà presso: yyyyyyy" deve essere in corsivo con dimensione 11 ed allineata a sinistra.

12. La frase "Autorizzazione con decreto n° 222/11" deve essere in corsivo con dimensione 11ed allineata a destra.

13. La data deve essere allineata al centro, con dimensione 11, sottolineata ed in grassetto.

14. Si deve ora inserire degli spazi tra le varie righe per allargare il testo e disporlo in tutta la lunghezza del foglio. Utilizza l'anteprima di stampa per controllare la spaziatura tra le righe.

15. Salva e, se possibile, stampa il documento "locandina". Il risultato finale deve essere simile alla soluzione.

Esercizio 2

Da un sito di auto americane analizziamo le caratteristiche di una automobile statunitense, ad esempio la Ford Mustang.
In particolare la velocità di questa macchina è di miglia orarie (160ml/h).

1.   Sapendo che un miglio corrisponde a 1,609 chilometri scrivi nella cella A3 la velocità in miglia (150) e, con una formula in Excel, calcola nella cella B3 la corrispondente velocità in chilometri.

2.	Il prezzo di questa macchina è espresso in dollari ($24.545): scrivi il valore nella cella A5 e, sapendo che un dollaro vale 1,09 euro, calcola nella cella B5 il prezzo corrispondente in euro.

3.	Imposta il formato in modo che nella cella B5 il prezzo appaia con il simbolo dell'euro.

4.	Se vuoi comprare quest'auto devi aggiungere al suo prezzo in euro le spese doganali che sono il 5% del valore: calcola, nella cella C5, a quanto ammontano le spese doganali e nella cella D5 il prezzo totale dell'autovettura (sempre in euro).

5.	Inseriamo ora i titoli alle celle: nella cella A1 scrivi il nome della macchina (FORD MUSTANG) in grassetto e con dimensione 22. Nella cella A2 scrivi "Velocità" in grassetto e con dimensione 18.

6.	Adesso dovremmo scrivere nella cella A3 "in miglia" e nella cella A4 "in chilometri". Purtroppo queste due celle sono già occupate dai rispetti valori: inserisci una riga prima della cella A3.

7.	Adesso nella cella A3 scrivi "in miglia" e nella cella A4 "in chilometri" in corsivo e con carattere 14. Adatta le colonne A e B in modo che le due scritte siano totalmente contenute nelle celle.

8.	Nella cella A5 (che adesso è vuota) scrivi "prezzo in $"; Nella cella B5 scrivi "prezzo in €"; nella cella C5 scrivi "spese doganali" e allarga la colonna C in modo che la scritta sia totalmente contenuta nella cella; nella cella D5 scrivi "totale". Allinea al centro tutte le scritte della riga 5.

9.	Nella cella E8 scrivi una formula che calcola il prezzo totale dell'auto (comprensivo di spese doganali) in un unico passaggio a partire dal prezzo in dollari. Usa formato in euro in questa cella.

Esercizio 3

Devi costruire una presentazione che illustri le caratteristiche principali di Internet. La presentazione deve essere composta da una sequenza di diapositive disposte secondo il seguente schema:

Diapositiva 1
Il layout della diapositiva deve essere di tipo "diapositiva titolo".
Il titolo è: "Internet" Il titolo deve essere in grassetto, con carattere Times New Roman di dimensione 54, di colore blu e con effetto ombreggiato. Sposta il segnaposto per centrare il titolo nella diapositiva.

Diapositiva 2
Il layout della diapositiva deve essere di tipo "diapositiva titolo".
Il titolo è: "Definizione". Il titolo deve essere in grassetto, ombreggiato, con carattere Arial di dimensione 54, di colore Blu. Spostate il segnaposto in modo che il titolo sia in alto al centro della diapositiva.
Nel segnaposto sottostante inserisci il seguente testo:
"Internet

Internet non è un'unica "entità": non è un computer (e neanche un "super-computer").
Internet è una rete telematica, cioè una rete di comunicazione che collega tra loro numerosissimi sistemi informatici (singoli computer, reti interne di aziende e università, eccetera) sparsi in tutto il mondo"
La dimensione del carattere è 28 e di tipo Arial. La parola "Internet" iniziale deve essere in grassetto e di colore verde. Le frasi "Internet non è un'unica "entità"" e "Internet è una rete telematica" devono essere in grassetto. L'allineamento è di tipo centrato. Alza il segnaposto in modo che sia vicino al titolo.

Trova in internet una immagine che illustri dei computer collegati tra loro nel mondo, simile alla seguente.

Inserisci l'immagine in fondo alla diapositiva al centro.

Diapositiva 3

Il layout della diapositiva deve essere di tipo "diapositiva titolo".

Il titolo è: "Hardware di Internet". Il titolo deve essere in grassetto, ombreggiato, con carattere Times New Roman di dimensione 44, di colore Blu. Sposta il segnaposto in modo che il titolo sia in alto al centro della diapositiva.

Nel segnaposto sottostante scrivi il seguente testo:

"Dal punto di vista fisico, la rete Internet è composta da un'enorme varietà di strutture ed elementi interconnessi:

- i computer dei singoli utenti, che funzionano come **"CLIENT"**: sono cioè postazioni che hanno il ruolo di richiedere informazioni o servizi

- i computer di enti e aziende, che funzionano come **"SERVER"**: sono cioè sistemi molto potenti e collegati in permanenza alla rete che hanno il ruolo di fornire le informazioni e i servizi richiesti dai client

- le **LINEE DI COLLEGAMENTO**: per semplificare, qui prendiamo in considerazione solo le linee telefoniche, anche se la tipologia è molto più ampia

- diversi dispositivi che gestiscono il **TRANSITO** e lo **SMISTAMENTO** dei dati: in partenza e in arrivo (cioè tra

ogni computer e la linea telefonica) si trovano i *modem*;
inoltre, nei punti nevralgici della rete, altri apparecchi (come
gateway e *router*) filtrano e regolano il "traffico"

L'insieme di questi dispositivi forma una ragnatela fittissima
di connessioni che copre praticamente l'intero pianeta"

Per inserire l'elenco puntato è sufficiente fare un clic sul
relativo pulsante nella barra degli strumenti. Le frasi "client",
"server", "linee di collegamento", "transito", "smistamento"
devono essere in maiuscolo ed in grassetto. Le frasi
"modem", "gateway", "router" devono essere in corsivo. La
dimensione del carattere è 18.

Diapositiva 4
Il layout della diapositiva deve essere di tipo "Titolo e
contenuto".
Il titolo è: "Come funziona la trasmissione di dati attraverso
la linea telefonica". Il titolo deve essere in grassetto, con
carattere Times New Roman di dimensione 40, di colore blu
e ombreggiato.
L'elenco puntato è composto dalle voci:
. quando si spedisce un messaggio e-mail o ci si collega a un
sito Web, il **computer** passa la richiesta (che consiste in una
serie di dati digitali, in formato numerico) al modem;
. il **modem** (il cui nome è l'abbreviazione di "MOdulatore-
DEModulatore") prende questi dati e li trasforma in suoni
modulati, in modo che possano viaggiare sulla linea
telefonica, che originariamente è stata progettata per
trasmettere suoni (la voce umana), sotto forma di impulsi o
segnali analogici; il meccanismo è simile a quello dei fax,
anche se i tipi di codifica sono differenti;
. lungo la **linea telefonica** i dati transitano, sotto forma di
impulsi, fino ad arrivare a destinazione;

. qui, il **modem** del computer "di arrivo" riceve questi impulsi e li decodifica in senso inverso, li "de-modula": riconverte cioè i suoni in formato digitale (dati numerici);

. il **computer** di destinazione elabora i tuoi dati e risponde alla tua richiesta.

Il carattere è di dimensione 20. Le frasi "computer", "modem", "linea telefonica" devono essere in grassetto. Imposta l'elenco in tipo numerato utilizzando l'apposito pulsante sulla barra degli strumenti.

Diapositiva 5

Il layout della diapositiva deve essere di tipo "diapositiva titolo".

Il titolo è: "Servizi disponibili in Internet". Il titolo deve essere in grassetto, con carattere Times New Roman di dimensione 40, di colore blu e ombreggiato. Sposta il segnaposto in modo che il titolo sia in alto al centro della diapositiva.

Nel segnaposto sottostante inserisci il seguente testo:

"Consultazione: (WEB)
Il Web offre milioni di pagine illustrate, dedicate a ogni possibile argomento; tramite le pagine Web si possono consultare informazioni o effettuare operazioni interattive (acquisti a distanza, iscrizioni o abbonamenti, ecc.).

Comunicazione individuale: (POSTA ELETTRONICA)
Grazie alla posta elettronica si possono spedire messaggi di qualunque genere e lunghezza, a un costo irrisorio e in tempi rapidissimi (dovunque si trovi il destinatario); ai messaggi inoltre si possono allegare file di ogni tipo (testi, immagini, ecc.).

Comunicazione collettiva: (NEWSGROUP)

I newsgroup (gruppi di discussione) sono conferenze telematiche, ossia aree di Internet dedicate alla discussione di temi specifici, tramite messaggi pubblici (chiunque può leggerli e rispondere); i newsgroup consentono di scambiare pareri, consigli, informazioni con persone di ogni parte del mondo..."

Il carattere è di dimensione 20. Le frasi "Consultazione: (WEB)", "Comunicazione individuale: (POSTA ELETTRONICA)", "Comunicazione collettiva: (NEWSGROUP)" devono essere in grassetto e di colore verde.

Diapositiva 6

Il layout della diapositiva deve essere di tipo "Titolo e contenuto".

Il titolo è: "Strumenti di base". Il titolo deve essere in grassetto, con carattere Times New Roman di dimensione 44, di colore blu e ombreggiato.

L'elenco puntato è composto dalle voci:

- **Per la connessione a Internet** devi utilizzare un software TCP/IP, che funziona in modo automatico (devi solo configurarlo una prima volta e in seguito, eventualmente, inserire nella finestra il tuo nome utente e la tua password).

- **Per navigare sul Web**, si utilizza un programma chiamato genericamente *browser* (cioè "sfogliatore" o "navigatore"), che consente di visualizzare le pagine Web multimediali. I due browser più diffusi sono Microsoft Internet Explorer e Netscape Communicator (ne esistono altri, ma sono meno comuni)

- **Per leggere e scrivere i messaggi di posta elettronica** ci sono appositi servizi offerti dai provider.

Il carattere è di dimensione 18. Le frasi "Per la connessione a Internet", "Per navigare sul Web", "Per leggere e scrivere i messaggi di posta elettronica", devono essere in grassetto. La parola browser deve essere in *corsivo*.

Diapositiva 7

Il layout della diapositiva deve essere di tipo "Due contenuti".

Il titolo è: "Domande". Il titolo deve essere in grassetto, con carattere Arial di dimensione 44, di colore blu e con effetto ombreggiato. Gli elenchi puntati sono composti dalle voci:

- Un browser è:
- Un gestore di posta elettronica
- Un programma per navigare in Internet
- Un tipo di Newsgroup

- Internet è
- Un servizio di posta elettronica
- Un computer molto potente
- È una rete telematica a livello mondiale

Il carattere è di dimensione 24. Trasformate gli elenchi puntati in elenchi numerati con l'apposito pulsante della barra degli strumenti. Togli il numero dalla prima voce dell'elenco disattivando il pulsante per questa riga. Le domande devono essere di colore blu e in grassetto. Il risultato deve essere simile al seguente

Un browser è:
1. Un gestore di posta elettronica
2. Un programma per navigare in Internet
3. Un tipo di Newsgroup

Internet è:
1. Un servizio di posta elettronica
2. Un computer molto potente
3. È una rete telematica a livello mondiale

Diapositiva 8

Il layout della diapositiva deve essere di tipo "Due contenuti".

Il titolo è: "Domande". Il titolo deve essere in grassetto, con carattere Arial di dimensione 44, di colore blu e con effetto ombreggiato. Gli elenchi puntati sono composti dalle voci:

- Per collegarmi ad Internet:
- Serve una linea telefonica
- Non serve una linea telefonica
- Serve una linea telefonica solo per utilizzare la posta elettronica

- I computer "Client":
- Richiedono informazioni e servizi
- Forniscono informazioni e servizi
- Richiedono e forniscono informazioni e servizi

Il carattere è di dimensione 24. Trasforma gli elenchi puntati in elenchi numerati con l'apposito pulsante della barra degli strumenti. Togli il numero dalla prima voce dell'elenco disattivando il pulsante per questa riga. Le domande devono essere di colore blu e in grassetto. Il risultato deve essere simile al seguente

Per collegarmi ad Internet:
1. Serve una linea telefonica
2. Non serve una linea telefonica
3. Serve una linea telefonica solo per utilizzare la posta elettronica

I computer "Client":
1. Richiedono informazioni e servizi
2. Forniscono informazioni e servizi
3. Richiedono e forniscono informazioni e servizi

Inserisci in ogni diapositiva (tranne la prima) un pulsante di azione che effettua un collegamento alla prima diapositiva Salva la presentazione con il nome "Internet".

Esercizio 1

PROVINCIA DI XXXXXX

ASSESSORATO ALL'ISTRUZIONE ED ALLA FORMAZIONE PROFESSIONALE

Corso di Aggiornamento su

Il numero π: calcolo del suo valore esatto

venerdì 18 gennaio 2002

Esercizio 2

	A	B	C	D	E
1	**FORD MUSTANG**				
2	**Velocità**				
3	*in miglia*	*in chilometri*			
4	160	257,44			
5	prezzo in $	prezzo in €	spese doganali	totale	
6	24545	€ 26.754,05	€ 1.337,70	€ 28.091,75	
7					
8					€ 28.091,75

Esercizio 3

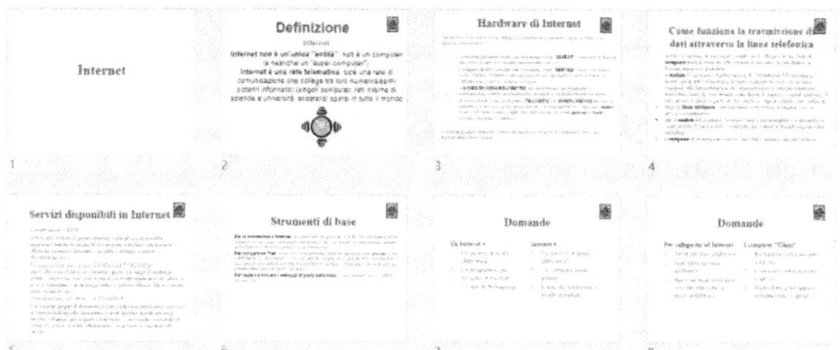

17. L'INTELLIGENZA ARTIFICIALE

Impossibile concludere questo manuale senza un breve cenno sull'**AI** (**Artificial Intelligence**), l'ultima frontiera dell'informatica.

Di cosa si tratta?

Beh, per spiegartela facile, facile, è un po' come un robot programmato per lavorare in modo autonomo, sfruttando l'enorme intelligenza del computer. Non ti parlo letteralmente di un robot fisico, tipo umanoide, ma di un software con il quale puoi parlare (tipo **Alexa** o **Siri**) o chattare (tipo **ChatGPT**).

Ma andiamo sul pratico.

Se usi il motore di ricerca **Bing**, potrai sfruttare l'intelligenza artificiale mediante la funziona **Copilot**, che appunto sfrutta la tecnologia AI di ChatGPT.

Cliccando su Copilot, nella home page di Bing, ti si aprirà una chat alla quale potrai chiedere qualsiasi cosa (o quasi), provare per credere.

Puoi anche chiedere di generarti un'immagine, descrivendo esattamente cosa vuoi vedere, stile grafico compreso.

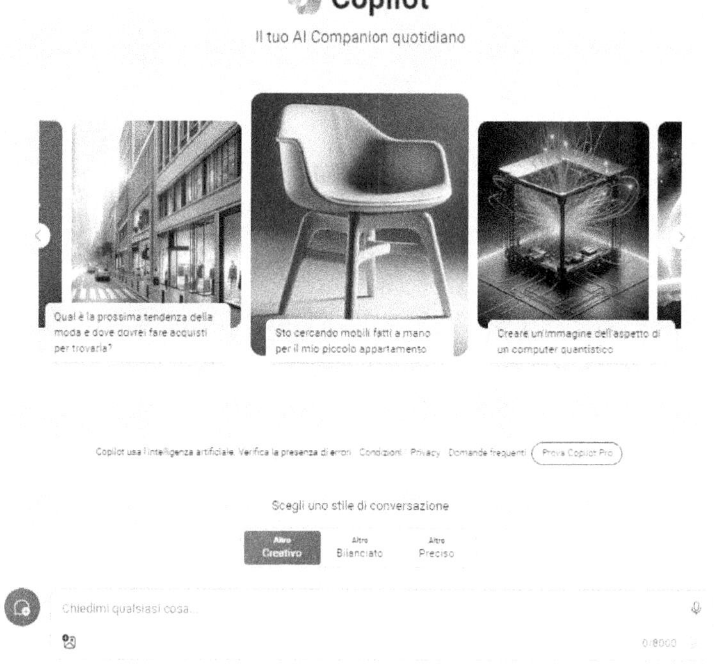

Simili sono le funzioni di **ChatGPT.com** e di tante altre piattaforme simili.

Questo è un settore in rapida espansione, quindi col tempo l'AI si arricchirà di sempre più funzioni e diventerà sempre più potente e sofisticata, permettendoti di fare sempre più cose.

Allora, cosa aspetti?

Divertiti a sperimentare il magico mondo dell'AI!

GLOSSARIO INFORMATICO ESSENZIALE

In ordine casuale:

Informatica: scienza che si occupa del trattamento dell'informazione mediante procedure automatizzate.

Computer (in italiano "elaboratore" o "calcolatore"): dispositivo elettronico in grado di manipolare informazioni sotto forma di dati. Ha la capacità di memorizzare, recuperare ed elaborare qualsiasi tipo di dato.

File: contenitore virtuale di dati informatici.

Hardware: parte fisica del computer, ovvero tutte le componenti che è possibile toccare con le mani. Questi componenti possono trovarsi sia all'interno del computer, sotto forma di schede elettroniche, sia all'esterno, come monitor, tastiere e mouse.

Software: comprende i programmi informatici, le applicazioni e i dati utilizzabili dal computer. Ad esempio, il sistema operativo è un esempio di software.

Scheda madre: il componente principale del computer, che collega le altre parti del sistema.

Processore (CPU): l'unità di elaborazione centrale del computer che esegue le istruzioni del software.

Memoria RAM: la memoria temporanea del computer utilizzata per l'esecuzione dei programmi.

Disco rigido: La memoria di massa permanente del computer, per archiviare dati e programmi.

Scheda video e GPU: gestiscono l'output visivo sul monitor.

Periferiche interne: componenti del computer come schede di rete, audio e di espansione.

Periferiche esterne: componenti da collegare esternamente al computer, come monitor, tastiere e mouse.

Mouse: dispositivo di puntamento portatile che traduce il movimento bidimensionale rispetto a una superficie piana nel movimento di un cursore su uno schermo, permettendo un controllo fluido dell'interfaccia grafica di un computer.

Email o Posta Elettronica: metodo di comunicazione che utilizza dispositivi elettronici per scambiarsi messaggi tramite una rete di computer.

Internet o Web: l'interconnessione globale tra reti di telecomunicazioni e informatiche di natura e di estensione diversa, resa possibile da una suite di protocolli di rete comune chiamata TCP/IP. Questi protocolli, il TCP e l'IP, costituiscono la "lingua" con cui i computer connessi a Internet (gli host) comunicano tra loro a un livello superiore, indipendentemente dalla loro sottostante architettura hardware e software.

Algoritmo: Un insieme di regole o procedure ben definite da seguire per risolvere un problema in un numero finito di operazioni. Gli algoritmi possono essere più o meno complessi, ma devono sempre portare a una soluzione.

Analogico: Si riferisce al trattamento di un segnale seguendo il suo comportamento in natura, senza tradurlo in numeri. È in contrapposizione con il concetto di "digitale", che rappresenta forme d'onda mediante numeri.

Antivirus: Programma che controlla i file per verificare che non contengano virus informatici.

Byte: L'insieme di 8 bit. Di solito, un byte corrisponde a un carattere, e un testo è composto da migliaia, milioni o miliardi di byte. Le unità di misura derivate includono kilobyte, megabyte, gigabyte, terabyte, petabyte, exabyte, zettabyte e yottabyte.

Banda larga: Trasmissione di dati via cavo a una velocità superiore a 1544 Mbps (megabyte per secondo).

Blended learning: Modalità di erogazione della didattica che combina una piattaforma digitale con la didattica tradizionale in presenza.

Blog: Pagina internet personale, organizzata in ordine cronologico e aperta ai commenti dei lettori. Il termine deriva da "web log" ed è stato coniato nel 1997.

Android: Sistema operativo per dispositivi mobili sviluppato da Google, basato sul kernel Linux.

iOS: Sistema operativo per dispositivi mobili sviluppato da Apple.

Antivirus: Programma che controlla i file per verificare che non contengano virus informatici.

Accesso: Procedura di identificazione dell'utente per utilizzare le risorse di un computer.

Allegato: Tutto ciò che viene inviato con un messaggio di posta elettronica.

Acronimo: Una sigla formata solitamente dalle iniziali di una frase. Ad esempio, RAM sta per "Random Access Memory" (memoria ad accesso casuale).

Browser: Un software che permette l'accesso ai siti internet e la visualizzazione delle pagine web (es. Firefox, Explorer, Opera, Chrome, ecc.).

Backup: L'operazione di creare copie di sicurezza di file o dati importanti.

CMS (Content Management System): Software o piattaforme online che aiutano a creare e organizzare i contenuti dei siti web. Esempi famosi includono WordPress, Wix e Joomla.

Cookie: Un file memorizzato sul computer che serve ad identificarlo quando è collegato a determinati siti internet.

Desktop: L'interfaccia grafica dei sistemi operativi che ospita collegamenti e icone delle applicazioni.

Drag and Drop: La possibilità di gestire o riposizionare file, icone o elementi di vario genere attraverso il gesto di "trascinare e rilasciare" con il mouse l'oggetto in questione.

Estensione: I tre caratteri alfanumerici posti alla fine del nome di un file che identificano il tipo di file (testo, musica, video, ecc.).

CRM (Customer Relationship Management): Software e piattaforme digitali che aiutano a gestire i rapporti con la clientela.

Database: Un archivio di dati o di contatti.

Editor: Un programma utilizzato per creare e modificare file o contenuti di vario genere.

Social Network: servizio informatico online che permette la realizzazione di reti sociali virtuali. Questi siti internet o tecnologie consentono agli utenti di condividere contenuti testuali, immagini, video e audio, e di interagire tra loro. Es. Facebook, Instagram, Tik Tok, ecc.

CONCLUSIONI

Caro lettore, il nostro corso è giunto al termine.

A questo punto, se siamo stati chiari nell'esposizione, sei in grado di giudicare come è fatto il tuo computer, o quello che vorresti acquistare, e conosci i comandi fondamentali per usare Windows in modo efficiente.

Chiaramente, non sono stati descritti tutti i programmi che si possono usare in Windows. Sarebbe impossibile, ci vorrebbe un'enciclopedia!

Ora possiedi le basi per poter operare con qualunque programma tu voglia usare, perché tendenzialmente funzionano tutti secondo logiche simili.

Per diventare bravo col computer, devi imparare a "smanettare", come si dice in gergo, ossia giocare con il computer (non nel senso letterario del termine), sperimentando, provando e riprovando, affinché tu possa acquisire sempre un maggiore feeling con la macchina.

Dunque, armati di santa pazienza e non innervosirti o entrare in ansia se all'inizio non riesci a fare le cose. Come si dice, "nessun nasce imparato", no? Piuttosto, usa questo libro come un vademecum per i primi tempi, leggendolo e rileggendolo a seconda delle tue esigenze.

Ok, non mi resta che augurati buon lavoro e buon divertimento!